科学教育

100 例

李万涛　曾　威　◎主编

贵州出版集团
Guizhou Publishing Group
贵州科技出版社

图书在版编目(CIP)数据

科学教育 100 例 / 李万涛，曾威主编. —贵阳：贵州科技出版社，2014.5（2020.6重印）
ISBN 978 – 7 – 5532 – 0210 – 5

Ⅰ. ①科… Ⅱ. ①李… ②曾… Ⅲ. ①科学教育学—教学研究—中小学 Ⅳ. ①G633.72

中国版本图书馆 CIP 数据核字(2014)第 068827 号

书　　名	科学教育 100 例
出版发行	贵州出版集团　贵州科技出版社
地　　址	贵阳市中天会展城会展东路 A 座(邮政编码:550081)
网　　址	http://www.gzstph.com　http://www.gzkj.com.cn
经　　销	贵州省新华书店
印　　刷	旭辉印务（天津）有限公司
版　　次	2014 年 5 月第 1 版
印　　次	2020 年 6 月第 3 次
字　　数	230 千字
印　　张	9.25
开　　本	889mm × 1 194mm　1/32
定　　价	32.00 元

编辑委员会

前言

QIANYAN

　　进入 21 世纪科技发展日新月异,正深刻影响着人类的生存方式。培养和造就一批科技人才,成为推动我国社会经济发展必不可少的途径之一。孩子是未来科技发展的生力军,科学教育需要从小抓起。《全民科学素质行动计划纲要》中明确指出:"要建立基础教育阶段的科学教育体系,提高学校科学教育的质量,使中小学生掌握必要和基本的科学知识与技能,体验科学探究活动的过程与方法,发展初步的科学探究能力,培养良好的科学态度、情感与价值观,增强创新精神和实践能力。"中小学阶段,少年儿童对周围世界有着强烈的好奇心和探究欲望,是培养科学兴趣、体验科学过程、发展科学精神的重要时期。

　　珠海市曾在 2007 年开展了有关青少年科学素养研究,对全市中小学开展科学教育的状况进行了广泛而深入的调查,发现珠海市青少年的科学素养水平高于同期全国公众的平均水平,这或许与珠海市中小学重视科学教育有密切关系。作为珠海人自然倍感欣慰,深受鼓舞。兴奋之余,我们对当前科学教育的现状有了更多的思考,也发现了一些值得探讨的问题。例如在一次科学教师的座谈会上,一位青年教师说:"现在有关小学科学教育的理念实在太多,但鲜活的教学实例却实在太少!"的确,目前关于科学教育的论文和理论书籍汗牛充栋,但相关的教学案例却寥若晨星。教学一线的科学老师,尤其是参加工作不久的青年教师,的确需要架起一座理论与实践的桥梁,需要从一堆堆活生生的教学实例中攫取理论创新的营养,把握实践探索的方向。

科学涉及天文、地理、物理、化学、生物等多个学科,内容庞杂,包罗万象,科学教育对每一个科学教师来讲都是一个考验和挑战。科学教师一方面应不断学习,终身学习,不断提升自身的科学素养,跟上时代的步伐。另一方面,要准确把握科学课程的新理念,积极借鉴成功案例,少走弯路。基于此,我们撰写和搜集了一些小学科学教育的具体案例,试图用这些直观的经验素材,作为学科教师的教学参考,以期"他山之石,可以攻玉"。

本书共分为四个模块,第一个模块为"课堂教学与校园活动",主要介绍一些科学教育的常规课堂教学和校内课外活动的具体案例,也有对教学活动的反思和总结。第二个模块为"探究性学习与奇思妙想",充分体现了新课程标准"以生为本",合作探究的理念。第三个模块为"生物世界",主要介绍学生在教师指引下探索大自然奥秘的具体实例。第四个模块为"科学实践与基地建设",反映了珠海市科学教师们在科技实践活动和建设校外学生科学实践基地方面的探索。

本书是珠海市40余位长期致力于中小学科学教育教师集体智慧的结晶,个别篇目还参阅和引用了省内外其他老师的教学成果。本书编写过程中,还得到北京师范大学珠海分校安宝生教授、珠海市教育局鄞向明副局长、珠海市第三中学王健校长等热心人士的悉心指导和大力支持,在此一并致谢。

编辑委员会

2013 年 12 月

目录
MULU

一、课堂教学与校园活动 >>>

　　小学科学活动,是指在小学科学课及课外教学中,凡是有利于学生科学知识的把握,有利于培养学生探究能力和情感、态度、价值观的活动,如观察、实验、课题研究、现场考察、制作、讨论辩论、探索信息、信息汇报与交流、参观访问、科学欣赏等的活动。小学科学课堂教学,是在科学教师的引领下,学生有计划、有目的进行科学研究和探讨活动;是以班级为单位,在课室里进行的活动;是学校教学的主要形式。校园科学活动,区别于科学课堂教学,是在课堂以外的科学活动,比如:科学竞赛、科学游戏及一些室外的观测活动等。小学科学活动是基于小学生对事物的理解是感性的心理特点开展的有效活动。小学科学活动重在对学生的亲历体验,重在学生的情感教育,从小培养小学生爱科学、学科学和用科学的热情,为中学继续学习科学提供后劲。

　　《小学科学课程标准》指出"科学探究是科学学习的中心环节"。科学探究性的科学活动已经成为学校科学活动的主要形式。科学探究不仅可以使小学生体验到探究的乐趣,获得自信,形成正确的思维方式,而且可以使他们识别什么是科学,什么不是科学。科学探究不仅涉及提出问题、猜想结果、制订计划、观察、实验、制作、搜集证据、进行解释、表达与交流等活动,还涉及对科学探究的认识。

　　探究式教学活动就是仿照科学工作者发现事物规律的整个过程应用到教学活动中,让学生也经历提出问题、猜想结果、进行实验,最后发现规律的过程(如图1-1)。

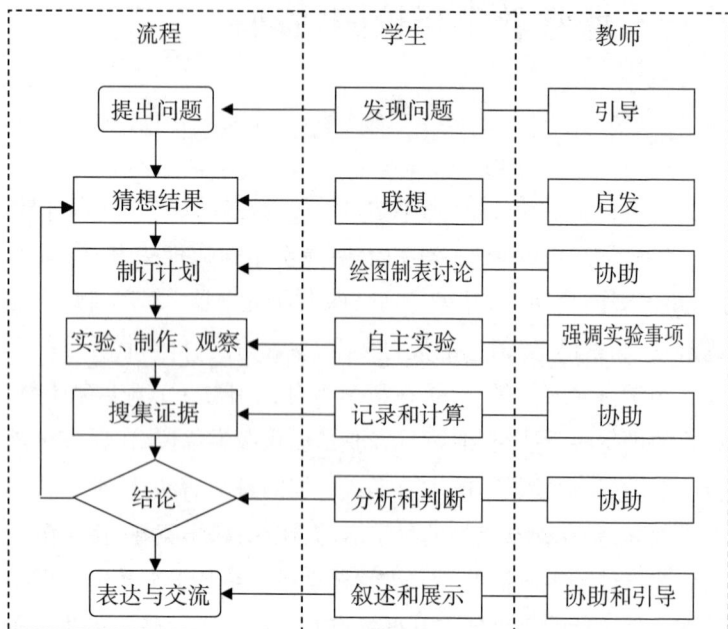

流程	学生	教师
提出问题	发现问题	引导
猜想结果	联想	启发
制订计划	绘图制表讨论	协助
实验、制作、观察	自主实验	强调实验事项
搜集证据	记录和计算	协助
结论	分析和判断	协助
表达与交流	叙述和展示	协助和引导

图1-1　探究式教学活动流程结构图

　　在教学实施中,科学探究活动可以是全过程的,也可以是部分地进行,如某些课侧重在提出问题,进行猜想、假设和预测的训练,某些课则侧重在制订计划和搜集信息的训练。不必拘泥于每次活动必须从头到尾、按部就班地完成一个科学探究的全过程,要根据教学内容灵活掌握。

　　在以下活动案例的分类中,"在设疑中呈现"是探究式教学活动流程中的"提出问题"和"猜想结果"环节;"在实验中求证"

是流程中的"制订计划"、"实验、制作、观察"和"搜集证据"环节;"在交流中辨析"体现在"分析结论"和"表达与交流"环节;"在活动中体验"是在整个科学探究活动中,教师利用学生的感观和经验,让学生自主去领会科学真谛的教学策略汇集;"在游戏中成长"是通过游戏的方式进行的科学活动,是校园科学活动的一种形式。

(一) 在设疑中呈现

以下课例体现了探究式教学活动流程中的"提出问题"和"猜想结果"环节。

例1　雨下得有多大

【案例评析】

通过谜语和图像引出教学活动内容是本例的特点。以学生喜欢的谜语引入"雨"的主题,再由熟悉的三个"降雨"生活场景,让学生利用已有的生活经验来讨论"雨的大小",最后形成"怎样才能科学判断下雨的大小"问题。

【活动案例】

师:同学们,今天我给大家带来了一个谜语(出示谜语):千条线,万条线,落到河里看不见。

生:(齐答)雨。

师:哦,你们都知道啊!我这里还收集了几个关于雨的场景,一起来看看。可要睁大眼睛看仔细哟!等会儿看谁发现的最多。

（播放视频片段一：小雨、大雨、中雨场景,先分别放映,然后定格在同一画面上）

师:发现了什么? 先在小组说一说,然后选一位代表来发言。

生1:刚才我们看到的都是在下雨。第一幅,雨不大,雨细细的,听不见雨声,可地面都湿了。

生2:我补充。第一幅图雨丝看不见, 第三幅图雨丝看得很清楚。第二幅图雨线粗,落到地面溅起了水花,雨声哗哗的,声音最大。

生3:第二幅图还好像有雾一样。

生4:后面两幅图地面有水在流动,最后的那幅图地面积水很多的!

生5:不对,是中间的那幅图地面积水最多!

师:看来你们观察得很仔细,而且都发现了三幅图的雨不同。你们能给排个序吗?

生:先第一幅图,然后第三幅图,最后第二幅图。

师:为什么这样排?

生:因为第一幅图是小雨,第二幅图是大雨, 第三幅图雨不大不小。

师:不大不小也就是中雨了。刚才提到了大雨、中雨、小雨,要知道雨的大小,我们用哪些方法来判断呢?

生1:可以看雨线。小雨雨线很细,大雨是一条粗线。

生2:根据地面雨点的大小和雨声判断。

生3:可以看雨水的多少。大雨地面有很多水,小雨地面的水很少很少。

师:你们认为这些方法很科学、很准确吗?

生:(齐答)不是。

师:怎样才能科学判断下雨的大小呢? 今天我们就来研究这个问题。

例2 螺丝刀里的科学

【案例评析】

本例通过"怎样把螺丝钉取下来?"这一问题引出探究的主题,然后通过学生用无柄的螺丝刀和有柄的螺丝刀取出螺丝钉的亲身体验,感受到"螺丝刀里的科学",呈现出教学内容。

【活动案例】

师:老师这里有一块木板,这块木板上有一个螺丝钉,你们认为可以用哪些工具把它取下来?(投影出示一块有螺丝钉的木板)

生1:用钳子拔出来。

生2:用螺丝刀取出来。

(学生回答各种工具)

师:老师这里有一样东西,它的头是与螺丝钉相配套的,你能用它把螺丝钉取出来吗?(出示组合螺丝刀,把刀柄去掉)

(学生跃跃欲试)

(请学生上台来演示,结果都不能把螺丝钉拧出来,学生很失望)

师:看来我们很难把它取出来。(给刀杆加个柄)那我们给它加一个柄试试吧!

（学生演示）

师:哟! 很容易就起出来了! 看来螺丝刀里的学问还真不少哪! 那今天我们就来研究"螺丝刀里的科学"。

■ 例3 奇妙的镜子

【案例评析】

本例教师先让学生观察万花筒,引起学生的好奇心,然后让学生揭开其中的谜底,引出"奇妙的镜子"。把学生从对镜子的好奇心引导到对镜子的探究问题上来,确定了探究的主题,为接下来的教学活动作了精心的铺垫。

【活动案例】

师:同学们喜欢玩具吗?

生:喜欢!

师:今天老师给大家带来一件玩具,希望大家喜欢。

（教师分发万花筒,引导学生玩万花筒）

师:看到了什么? 漂亮吗? 你有哪些猜想?

生1:我想知道这些奇妙的花是怎样产生的?

生2:我想知道里面到底有什么?

师:你想怎样研究呢?

生:我想拆开看看!

师:那就拆开看看吧!

生:(喊)原来里面只有一些碎花纸和几面镜子!

师:是纸在起作用吗?

生:不,是镜子!

师:看来,镜子还真奇妙!

例4 时间在流逝

【案例评析】

本例通过"估时间,睁眼睛"游戏的方式引入新课,符合学生的年龄特点。创设一定的教学情景,既激发了学生学习的兴趣,又为后续的教学打下伏笔、铺垫。

【活动案例】

师:上新课前,我们来做一个游戏,有没有兴趣? 游戏的规则:老师说开始时,每个同学靠在桌子上,闭上眼睛休息,自己在心里估计1分钟到了,自己睁开眼睛,看看周边的同学,不许发出任何声响。

(教师宣布游戏开始,1分钟到,学生陆续睁开眼睛,先睁眼的同学看到还没有睁眼的同学,在焦急观望)

师:说说,你有什么发现?

生1:我睁开眼睛的时候,旁边的同学还靠在桌子上。

生2:我睁开眼睛的时候,有的同学坐好了,有的还靠在桌子上。

生3:我睁开眼睛,好多同学都坐好了。

生4:我睁开眼睛,大家都看着我。(此同学最后一个睁开眼睛)

师:同样是1分钟的时间,有的同学先睁开眼睛,有的后睁开眼睛,这说明了什么?

生1:大家估计的时间不一样。

生2:有的同学把时间估计得快些,有的估计得慢。

师:关于时间,你知道哪些描述时间的语言?

生1:一寸光阴一寸金。

生2:少壮不努力,老大徒伤悲。

生3:一日难再晨,岁月不待人。

生4:一年之季在于春,一日之季在于晨。

生5:光阴一去不复返。

生6:时间就是金钱。

师:同学们说了这么多描述时间的语言,知道这些话的意思吗?

生1:一寸光阴一寸金,说明时间很宝贵。

生2:时间过得很快。

生3:时间很容易跑走,我们要珍惜时间。

师:时间很宝贵,每时每刻伴随着我们,很容易从我们的身边流逝,今天这节课,我们一起来学习《时间在流逝》。

例5 密信的游戏

【案例评析】

教师巧妙地利用故事创设情景,激发了学生探究事物奥妙的动机,极大地调动了学生学习的积极性。

【活动案例】

师:老师给大家讲一个故事好吗?

师:1895年12月,列宁被捕了,关在彼得堡的监狱里。列宁在这所监狱里被监禁了14个月。列宁被关在一间又狭小又肮脏的单人牢房。牢房里面黑洞洞的,只有高处一个小小的窗口可以透进一点微弱的光。地上放有一张铁床,还有一张桌子和一把椅子。此外,就再也没有别的什么东西了。有的人处在这样的境遇里可能会整天愁闷和痛苦,可是列宁却整天在工作。列宁决定要写一本书。怎么办呢?监狱里只准看书不准写书,而且写书也没有纸张,没有铅笔,更没有钢笔和墨水——什么都没有!有一天,列宁正站在那里思索这件事,家里人送书来了。他把书本拿到手里,突然想起来:就往这本书上写,不是很好吗!但是又想:不行!监狱里规定在书还给家人的时候要做详细的检查,如果发现书里有字,就要把书籍烧掉,这不就等于没有写吗?想着,想着,他想出了办法。

师:你知道列宁想出什么办法了吗?

生1:用柠檬汁来写。

生2:用苹果汁来写。

生3:用梨汁来写。

师:哈哈!列宁坐牢的那个时候可没有柠檬汁、苹果汁等。列宁到底用的是什么办法呢?

师:用牛奶写!因为牛奶写在书上什么也看不出来,当你要读它的时候,把书往灯上或者蜡烛上一烤,那用牛奶写的字就现出了茶色,所写的文章也就清楚了。

师:你们想不想也按列宁的方法写一封密信呢?

生:(异口同声地说)想!

师:好!我们今天也来写一封密信吧。

例6　太阳和影子

【案例评析】

通过谜语和游戏的形式导入、引出新课，激发了学生的学习兴趣，学生以饱满的热情投入到了玩手和物体的影子等一系列的探究活动中，对影子有了切身体验，因此，对影子的形成条件这一问题便不攻而破。

【活动案例】

师：今天和我们一起上课的除了咱们同学还有一位朋友，想不想知道他是谁？

生：想！

师：请大家听好：人人都有好朋友，乌黑身子乌黑头，太阳光下伴你走，一到黑处就分手。

生：影子。

师：你玩过影子吗？

生：玩过。

师：能告诉老师你是怎么玩的？

生1：在阳光下踩影子。

生2：玩手影。

师：同学们有这么多玩影子的方法，下面我们一起来玩个小游戏：请同学们在这间多媒体教室里用最短的时间找到物体的影子。（学生行动，到投影仪前找影子）

师：能告诉大家你为什么要到这里来找影子吗？

生：因为有光。

师：老师现在给大家1分钟的时间玩影子，看谁玩的花样最多。

(学生玩手影。老师又给学生提供了中间透明的纸兔子、纸金鱼和塑料小剪刀,让同学们继续玩一玩,看一看)

师:谁说说通过玩影子,你发现了什么?

生1:影子是在光线射不到的地方。

生2:小兔子中间是透明的,所以没有影子。

师:要想形成影子,还要有什么样的物体?

生:不透明的物体。

师:我们刚才看到的这些影子都是在什么光下形成的?

生:灯光下。

师:除了灯光下,日常生活中什么情况下也可以形成物体的影子呢?

生1:阳光下。

生2:火光下。

生3:月光下。

师:今天这节课,我们就先来研究阳光下的影子。

例7 反冲现象

【案例评析】

教师通过演示一个“反冲现象”的实验,设置成问题的情景,学生在你一言我一语当中,逐渐理解了这一概念,为下面的进一步学习打下了基础,作好了铺垫。

【活动案例】

(教师于课前在教室前面拉一根铁丝,铁丝上横挂着一个塑料瓶。教师和同学约定,这节课老师听大家讲)

师:下面我们做一件事,你们注意观察、思考,看看能不能提出好多问题。

(教师演示实验:用打气筒向塑料瓶里打气,瓶塞被冲出来时,瓶子向后反冲出去)

师:有问题吗?

生1:这是什么东西?

生2:它为什么往后退?

生3:你打气是不是为了让它往后退?

生4:你为什么要做这次实验?

生5:你做这次实验想教给我们什么?

师:刚才同学们提出了这么多问题。老师又不讲,怎么办?我们自己研究行不行?

生:行!

师:(在黑板上画上刚才实验的示意图)我用图来表示刚才做的那个实验。塑料瓶从这头跑到那头,可以用一个箭头来表示,谁来画?

(学生上台在瓶子旁画出一个箭头,并说明表示瓶子朝箭头方向去了)

师:可以吗?

生:(齐答)可以。

师:为什么它往那个方向去了?

生1:因为塞子往另外一个方向去。

生2:因为您往瓶子里打空气。

生3:因为瓶子里有气,它就要往后跑。

生4:因为瓶子里有很多气了,它有一个压力往这边跑,瓶子就往那边跑。

生 5:因为您是往那个方向打气的。

师:(将瓶子换个方向挂)如果我反过来挂再打气呢?

生:瓶子就向另一边跑。

(教师重新塞上塞子而不打气)

师:它现在为什么不跑?瓶子里有没有气?

生 1:有气。

生 2:因为它没有压力。

师:同学们说得都有道理,刚才,我们看到的现象叫"反冲现象"。

例8 做手电筒

【案例评析】

学生喜欢探究自己熟悉的事物。手电筒是学生身边常见的物品,教学一开始就通过探讨学生生活中的物品,激发了他们的探究热情,又为下一步探究活动指明了方向,为认识电路作好铺垫。

【活动案例】

师:(出示一只手电筒)同学们,这是什么?

生:手电筒。

师:你能使它发亮吗?

生:能。

师:谁来试一试?

(一名学生拿起手电筒并装进电池,打开开关,手电筒亮了)

师:手电筒亮了,它为什么会发亮呢?

生1:有了电池,它就能发亮了。

(教师板书:电池)

生2:还需要小灯泡。

(教师板书:灯泡)

生3:还要把开关打开,手电筒才会发亮。

(教师板书:开关)

师:如果把手电筒的外壳拿掉,它还能亮吗? 老师为你们提供了灯泡、电池、开关,你们能使小灯泡发亮吗? 利用桌上的材料试一下。

(学生动手尝试,没能成功)

师:老师再给你们一些导线,你们再试试。(板书:导线)

(学生再次尝试,小灯泡亮了)

师:你们发现了什么?

生1:没有导线小灯泡就不亮。

生2:用导线把电池、开关和灯泡连接起来,灯泡就亮了。

生3:我发现手电筒的外壳可能和导线的作用一样。

生4:我同意他的意见,手电筒没有外壳、刚才的电路没有导线,灯泡都不亮,所以手电筒的外壳相当于导线。

师:同学们真聪明! 刚才你们讲到的材料都是电路的最基本的组成。你们能把手电筒的电路画出来吗?

例9 一杯水里能溶解多少食盐

【案例评析】

提问是课堂教学中最基本、最常见的教学方法,好的提问能激活学生的思维,燃起学生的智慧火花。有效的提问面要小、要准,要多追问。本课例,教师通过设置"食盐能溶于水吗?""食盐在水里有什么变化?""一杯水里能溶解多少食盐?"等等这一系列提问,展开了探究和讨论,让本课的探究内容得以呈现。

【活动案例】

(教师手托用布遮好的一杯水)

师:老师给同学们带来份礼物,你们猜是什么?

生1:一个瓶。

生2:一个杯子。

师:到底是什么呢?(揭开布)

生:一杯水。

师:这杯中有多少水呢?

(随机请一学生看刻度)

师:请你大声告诉大家,杯中有多少水?

生:20毫升。

师:除了带水,我还带了盐。(出示一杯盐)

师:假如我把一勺盐放进水里会怎么样?

生:会溶化。

师:科学的说法是"溶解"。

(教师放盐,搅拌)

师:盐有什么变化?

生:盐溶解完了。

师:你怎么知道盐溶解完了?

(把杯子伸到他眼前)

生:盐在杯子中看不见了,杯底没有留下盐。

师:不错,一勺盐溶解完了。若老师再加入一勺盐,盐会怎么样?

生1:盐会溶解。

(教师加盐、搅拌)

生2:(肯定地回答)会溶解。

师:这瓶盐全加进去呢?

(举起盐瓶,学生开始犹豫)

生1:会溶解的。

生2:杯子里放不下的。

师:我可以提供个大杯子。

生:水也不够的,上面的盐浸不到水里。

师:那是说,盐能全部溶解?

生:溶解一部分。

师:那这杯水里能溶解多少盐? 今天我们就研究"20毫升的水里能溶解多少盐?"这个问题。

例10   导体与绝缘体

【案例评析】

本课例的亮点是对导体和绝缘体概念的引入和理解非常简洁而清楚,没有拖泥带水的现象。按照学生的思维过程,由问题的外层像拨洋葱皮一样,一层一层地揭开,最后找到问题的实质。

【活动案例】

师:观察这个电路,说说电流在电路中是怎么流动的?

生:电流从电池的正极出发,经过灯泡回到负极。

师:如果老师现在用剪刀把其中一根导线剪断,你们猜电路会怎么样?

生:电路断开,灯泡灭。

师:谁来试一试?

(一位学生上台示范)

师:果然灭了,为什么灭了?

生:导线剪断后,电路就处于断路,这时候就不会有电流通过电路,灯泡就灭了。

师:你们真聪明,看来你们对前面学习的知识掌握得很牢固,你们真棒!

师:如果要让灯泡重新亮起来,该怎么办呢?

生:把断开的导线接好。

师:好,我来试一试。

(教师把导线绑在一起)

师:为什么小灯还是不亮?

生1:导线不能直接绑在一起。

生2:不行,这样不导电!

师:那怎么接?

生:把导线里面的铜丝接在一起。

师:谁再来试一下?

(学生在教师的帮助下把铜丝剥出来,接在一起,发现灯泡亮了)

师:第一次没亮,第二次亮了,说明了什么?

生:因为导线外面的塑料皮不导电,只有里面的铜丝才导电。

（二）在实验中求证

以下课例体现了探究式教学活动流程中的"制订计划"、"实验、制作、观察"和"搜集证据"环节。

例11　热胀冷缩

【案例评析】

在让学生分组实验前,向学生介绍实验装置,让学生理解实验方法非常重要。本课例教师通过设置一系列巧妙的对话,让学生主动地理解了"热胀冷缩"的实验方法,这样,学生就能自主地探究其他液体的热胀冷缩的性能。

【活动案例】

师:这是一个平底烧瓶,灌满水,怎样使它受热呢?

生:放到热水中去。

师:这是一个烧杯,这是热水壶,把热水壶中的热水倒到烧杯中,倒半杯水。把烧瓶放入烧杯中,你能看到烧瓶中水的体积变大吗?

师:有没有看见?

生:没有。

师:那用什么方法?

生:因为杯子中热水太少了。

师:热水太少了?

生:温度不够高。

师：这是你的估计,其他原因还有吗?

师：烧瓶中的水体积有没有变大,你看得清楚吗?

生：看不清楚。

生：在水中加点颜料。

师：(在烧瓶中的水中滴几滴墨水)现在可以实验了吗?

生：可以。

师：(将烧瓶放入热水中)看好,可以了吗?

师：好象也不行是吧?

生：是。

生：瓶口太大。

师：瓶口太大,那怎样能使观察到的现象更明显?

生：放在酒精灯上烧。

师：那是加热的方法,我们能观察更清楚一点还有什么方法?

生：把它弄细。

师：怎么弄?

师：老师这里有一个橡皮塞,一根玻璃管,塞进去以后,是不是就可以了。

生：是。

师：你们想不想试试?

生：想。

(学生分组实验,然后汇报实验结果)

生：烧瓶里的水受热以后,玻璃管里的水升高了,把它放到冷水里,水位下降了。

师：其他组有不同意见吗?

生：没有。

师:当玻璃管里的水位上升,说明水的什么变了?

生:温度。

师:除了温度外,还有什么变了?

生:体积变大了。

师:膨胀,它是在什么情况下膨胀的呢?

生:受热。

师:受热膨胀,受冷的时候怎么样?

生:萎缩。

师:收缩了。

师:谁来说说水有怎样的性质?

生:水受热会膨胀,水受冷会收缩。

师:概括一下怎么说?

生:热胀冷缩。

(教师板书:热胀冷缩)

师:水有热胀冷缩的性质,那其他物质是不是也有热胀冷缩的性质呢? 你们想不想知道?

生:想。

师:我这里有牛奶、橙汁,这里还有油,它们会不会热胀冷缩?

生:会。

师:它们到底会不会热胀冷缩呢?

生:做实验,验证一下就知道了。

师:你们会不会做实验?

生:会。

(学生分组实验)

例 12　空气占据空间

【案例评析】

为了研究看不见的空气,教师设计了一个巧妙的实验,让学生去猜想,去解释。实验所用的是学生身边的材料,孩子们学习的主动权和积极性大幅度调动起来,在一个放开的状态,让孩子们去探索,去玩耍,去琢磨里面隐藏的科学秘密。

【活动案例】

师:老师带来了两个礼物。(出示一个去底的倒转后装满水的饮料瓶)这个饮料瓶可不一般,不仅没有底,而且还装满了水。现在我把水倒掉,瓶子里还有东西吗?

生 1:(不假思索地说)没有。

生 2:有空气。

师:对,有看不见的空气。

师:第二个礼物是一个乒乓球,扔进盆子里它浮在水面,如果我有力把它按下去,它会乖乖地呆在水槽的底部吗?

生:不会,还是会浮起来。

师:如果我用这个充满空气的饮料瓶对准乒乓球压下去,乒乓球会在哪个位置呢?请你将你认为可能的情况画在你的记录本上,并写下你猜测的理由。

(学生在本子上画下自己认为会出现的情况,并写下理由)

师:谁愿意上黑板用模板摆出来?

生 1:乒乓球会沉在水底。因为瓶子里都是空气。

生 2:会浮起来,因为会有水进来。

生 3：……

师：究竟哪种猜测是正确的呢？还是让我们自己动手试一试。

（学生小组实验）

师：哪个小组说一说用饮料瓶对准乒乓球压下去,乒乓球在哪个位置？

生：在水槽的下面。

师：这是为什么呢？

生 1：因为里面有空气。

生 2：瓶内的水很少。

生 3：水进不来。

师：为什么有空气,水就进不来呢？

生：空气占据了瓶子的空间。

师：哪个小组有其他的发现？

生：我们发现只要把盖子拧开,乒乓球就会浮起来。

师：真的吗？其他组有没有试过？这又是为什么呢？

生：因为盖子打开,空气就会流走,让出一些空间给水,水进来后,乒乓球就浮起来。

师：不拧开瓶盖,我有一支吸管,你们能不能让乒乓球浮起来？

生：能!

师：好,你们试一试,完成后,你们要说说实验的方法和其中的道理。

例 13　怎样加快溶解

【案例评析】

在对比实验中,让学生明白实验条件的设置非常重要。在本例中,教师让学生在做实验前,对实验条件的设置进行了充分的讨论,很显然教师并不仅是教会学生加快溶解的方法,而是让学生掌握了做对比实验的方法,这个比前者更重要。

【活动案例】

师:你们觉得有哪些方法能加快溶解?

生:搅拌、加热、切碎。

师:那你们打算怎么做呢?

生:比如两块方糖,一块直接放入冷水中,另一块弄碎它放入热水中再搅拌,看哪块溶得快。

师:是这样做实验吗?

生1:对。

生2:不行,那怎么知道究竟是哪种方法加快了溶解呢?

生3:……

生4:可以把几个实验分开来做!

师:这个想法好,各小组可以选择一个你们最感兴趣的问题,再参考实验记录表讨论具体的操作方法,好吗?

实验记录表

研究的问题		
实验中相同的条件	不同的条件	溶解快慢
	1号烧杯	
	2号烧杯	

(学生实验)

(学生汇报,展示实验记录表1)

实验记录表 1

研究的问题	搅拌能否加快溶解		
实验中相同的条件	不同的条件		溶解快慢
两个烧杯要加入同样多水，放入大小相同的方糖	1 号烧杯	搅拌	
	2 号烧杯	不搅拌	

师:大家有没有建议?

生 1:加热水还是冷水? 温度要一样的!

生 2:冷水。

生 3:放方糖的时间要相同。

生 2:好的,谢谢。

(学生汇报,展示实验记录表 2)

实验记录表 2

研究的问题	加热能否加快溶解		
实验中相同的条件	不同的条件		溶解快慢
两个烧杯要加入同样多水，同时放入大小相同的方糖	1 号烧杯	加热	
	2 号烧杯	不加热	

生 1:我觉得他们可以用热水和冷水比较,更方便些。

生 2:也可以,但我们没有热水。

师:我有。

生:哦。

师:要更精确地比较溶解的快慢,我们还可以看时间。

例14   茶叶在水里溶解了吗

【案例评析】

教师要引导学生在实验中充分获取事实材料,进行分析、归纳和概括。有了这个思维加工的过程,学生的科学素养才真正有所提高。

【活动案例】

师:(出示茶叶)你们认为茶叶在水里会不会溶解?

生:(肯定地)不会。

师:那我们来试试,怎么样? 我们把茶叶全部倒入水里,不去摇它,不去搅拌它,静静地观察它的变化。材料就在你们的抽屉里,开始吧!

(学生观察后描述)

生1:我看到茶叶先是浮在水面上,后来慢慢地一点点往下掉。

生2:有的沉下去,还有的浮在上面。

生3:水有一点变颜色了。

师:这时候茶叶在水中的变化像高锰酸钾在水中的变化呢,还是像沙子在水中的变化?

生:像高锰酸钾在水中的变化。

师:说说理由

生1:因为茶叶沉下去后,在水里化开了。

生2:有点像沙子,又有点像高锰酸钾,有一点点溶解了。

生3:水的颜色越来越深。

生4:如果搅拌一下呢?

师:那就用筷子去搅拌搅拌,看看茶叶在水里的变化像高锰酸钾还是像沙子?

(学生用筷子搅拌,观察)

师:现在它更像什么?

生1:像高锰酸钾在水中的变化。因为水变成茶水了。

生2:我觉得像沙子在水中的变化,因为茶叶还沉在杯子底下呢!

生3:都不像。应该是半溶解半不溶解。

(许多学生笑了)

例15 比较水和食用油的轻重

【案例评析】

比较水和食用油的轻重,很容易想到把水和食用油混合。本课例在此基础上,再加上一个直接称相同体积的水和食用油重量的实验,这样就让事实更具说服力。在求证某一道理时,我们应该设置更多的实验来验证,这样才符合科学的求真精神。

【活动案例】

师:现在我们来比较水和食用油的轻重。我们有什么方法?

生:把它们混合在一起,看它们是否会分层,如果在下层的液体就更重。

师:好,现在我们把它们混合吧。应该怎样混合在一起呢?

生:把食用油轻轻地倒入水中。

生:不对,应把水轻轻地倒入食用油中。

师:好,现在请每一小组选择其中的一种方法,进行水和食用油的混合。

(学生实验)

师:现在,大家说一说你们的发现吧。

生1:我们是把食用油倒入水中,发现食用油在水面上。

生2:我与他们一样的实验方法,也是食用油浮在水上面。

生3:我们是把水倒入食用油中,也发现食用油浮在水面上。

生4:我们把水和食用油混合后还进行了搅拌,最后还是发现食用油浮在水面上。

师:无论是将水倒入食用油中,还是将食用油倒入水中,我们都发现食用油在水上面。知道是什么原因吗?

生1:食用油比水轻,所以它在水面上。

生2:我还是有点不明白。

师:我们还有什么方法能证明食用油比水轻吗?

生:直接称一称就知道了。

师:怎么称?

生1:用天平称。

生2:要用两个杯子分别装上水和食用油来称。

生3:那两个杯子就要一样重哦。

生4:杯子内的水和食用油也要一样的多。

师:对,也就是水和食用油的体积一样。

师:你们分小组讨论,如何用天平比较两者的轻重。

(学生讨论)

生1:我们的方法是,用一个杯子装上100毫升水称出它的重量,擦干后,再用这个杯子装上100毫升食用油称出油的重量,最后比较它们的大小。

生2:我们的方法是,把两个杯子放在天平的两个盘上,调节天平平衡,再分别在杯子里倒入食用油和水,比较它们的重量。

师:好,你们讨论的方法很好,每一个组可以选一个方法来比较水和食用油的轻重。现在开始吧!

(学生实验)

师:你们的实验结果怎样?

生1:我们用的是第1种方法,称得100毫升水的重量约98.7克,而称的食用油才86克,所以水比食用油重。

生2:我们用的是第2种方法,发现装水的天平一端向下沉,可以证明水比食用油重。

师:需要强调的是,在比较轻重的过程中,一定是在相同体积下比较。

师:我们这里说的轻重,事实上说的是水和食用油的密度大小。老师这里有一个叫比重计的仪器,也可以比较水和食用油的轻重。

(教师演示:用比重计比较水和食用油的轻重)

例16 淀粉和碘酒

【案例评析】

在实验过程中,始终要把引导学生自己提出问题作为主线展开学习活动,并启发学生自己解决问题,学生始终以主人的姿态去探究新知。

【活动案例】

师:馒头是我们经常吃的一种食物,馒头里含有的主要成分是淀粉,淀粉是我们人体所必须的营养素之一。我们平常吃的哪些食物也含有淀粉呢?

生1:米饭。

生2:面条。

师:我们吃的肉类、蔬菜等食物中也含有淀粉吗?

生:肉类和蔬菜都不含有淀粉。

生:肉类不含淀粉,但有些蔬菜却含有淀粉。

师:我们有什么办法,可以很快地检测出食物是否含有淀粉呢?

生1:放在口里咀嚼,看是否有甜味。

生2:我不同意这种方法。

师:好,老师介绍一种方法,就是把碘酒滴在含有淀粉的食物上。

(教师把碘酒滴在米饭上,米饭变成蓝色)

生:为什么碘酒会让米饭变蓝?

师:那是因为碘酒与米饭里的淀粉发生了化学反应,生成了一种蓝色的新的物质。

师:我这里有一棵萝卜。(出示整个萝卜)你有办法检测出它里面是不是含有淀粉吗?用什么科学方法来检测?

生1:用滴管往萝卜上滴几滴碘酒。

生2:不能直接滴在萝卜上,这样就检测不到里面了。

师:那你认为用什么方法来检测更为科学呢?

生:应该把萝卜切成小片,然后再滴上碘酒,这样不会很浪费。

师:是啊,这样不仅不浪费食物,而且可以让我们每个小组都来检测,检测得更为细致。其实,刚才同学所说的切成小片来研究,在科学上我们称之为取样研究!

(实物投影:用塑料方格隔开的各种食物样品,这里有取样好的饼干、猪肉、青菜……)

师:你们觉得在检测过程中还需要注意什么吗?

生1:都滴上1~2滴碘酒在食物样品上。

生2:滴管在滴碘酒时不碰到食物。

师:为什么滴管在滴碘酒时不能碰到食物样品呢?

生:如果碰到食物样品,其他食物就会受到污染,检测结果就不准确了。

师:好,现在你们开始实验吧。

(学生实验)

师:同学们,今天的研究就要结束了,不知道你们的最大收获是什么?

生1:我知道了淀粉碰到碘酒就会变成蓝色。

生2:我知道了食物中淀粉含量多,滴上碘酒变蓝色就深,含量少变色就浅。

生3:我还知道了有的时候做了实验,不是马上就可以看到现象的,需要仔细观察很长时间才会有所发现。

师:今天我们学会鉴别食物中是否含有淀粉的方法,同学们回家后可以找其他的食物测测。

例17　检测是导体还是绝缘体

【案例评析】

在引导学生进行实验时,一定要注意到细节,这不光能让实验成功,也能培养学生严谨的科学态度。本课例,教师就注意了学生很容易忽视的"实验前确信电路正常工作"的细节,让学生得到了很好的锻练。

【活动案例】

师:橡皮是导体还是绝缘体呢?

生:绝缘体!

师:怎样检测一块橡皮是导体还是绝缘体呢?

生:用电池、小灯和几根导线连成一个检测电路就能测出橡皮是导体还是绝缘体。

师:好,你们连成一个简单的电路,试着检测吧。

(学生实验)

师:好,说说你们的检测结果。

生:(齐声)橡皮是绝缘体。

师:你们是怎么检测的?

生:我们把电路连接好,再把导线连接在橡皮两端,发现小灯不亮,说明橡皮是绝缘体。

师:小灯不亮,说明橡皮就是绝缘体吗?

生1:是,因为橡皮不导电。

生2:不一定,如果电池没电了,小灯也不亮。

师:表扬这位同学,他很会换一个角度思考问题。

生:对,如果导线没接好,小灯也不亮。

师:说明实验前,我们应该先要怎么做?

生:先要确信电路是正常工作的。

师:怎样确信电路正常工作呢?

生:导线不接任何物体,直接接在一起,看看小灯会不会亮,如果小灯亮起来了,说明电路正常。

师:非常好,其他组会不会做?

生:(齐声)会。

师:好,老师这里有20种物体,请你们来检测它们是导体还是绝缘体吧。

例18 显微镜

【案例评析】

在实验教学中,对实验仪器的介绍、操作方法的讲解至关重要。本课例,通过多媒体手段,让学生边学习边操作,对显微镜的结构及使用方法,分析展示得较为清楚,达到了教学目标。

【活动案例】

师:准备好认识显微镜这位新朋友了吗?

(课件播放:显微镜的主要组成部分)

师:看清了吗?

生:看清了。

师:老师还是有些担心,来考考大家。(先揭开罩着显微镜的布,把它折好放在一边)

(课件播放:显微镜组成部分的名称)

师:请每位同学在组内说说显微镜各部分名称。

师:我们现在来看看显微镜的使用方法。

(录像资料:显微镜的使用方法)

师:都看得非常认真。下面我们进入第二个环节。我说你做,学习怎样使用显微镜。

师：取镜和安放。

（学生操作）

师：对光。

（学生操作）

生1：我怎么没看到白光啊？

生2：反光镜对着光。

生1：还是不行啊。

生2：要闭着一只眼的。

生1：原来目镜没对准通光口。

师：放片。

（学生操作）

师：现在我们来学会调节显微镜进行观察吧。

（录像资料：显微镜的调节方法）

师：这两个旋钮叫什么名称？

生：粗准焦螺旋和细准焦螺旋。

师：应该怎样调节呢？

生：先调粗准焦螺旋，大致看清后，再调节细准焦螺旋，观察得更仔细。

师：你们移动一下载片，会发现什么？

生1：本来我想让它往左，它却往右了。

生2：载片的移动要与需要移动的方向相反。

师：很好，现在我这里有已经制作好的洋葱皮细胞载片，你们用显微镜观察吧。

例 19　做个钟摆

【案例评析】

"做个钟摆"是一个很有趣的探究命题。让学生在进行探究活动中,设置一个学生既有兴趣,又能自主完成的命题,是进行探究式实验教学的关键。

【活动案例】

师:老师提供一根绳子和一个摆锤,你能制作一个每分钟摆动 60 次的钟摆吗?

师:摆绳的长度应该怎样调整?

生 1:我认为,把摆长调整到 29 厘米看看每分钟摆动几次,是不是正好 60 次,如果不是,再把摆长调整到 28 厘米,直到每分钟摆动最接近 60 次为止。

生 2:我认为这样太慢,太麻烦,我们可以每次调整 5 厘米,当每分钟摆动比较接近 60 次时再 1 厘米 1 厘米地调整。

师:同学们,你们认为谁的方法比较好?

生 1:第 2 种。

生 2:第 1 种。

师:请各小组同学进行讨论,看哪种方法好。

(学生讨论)

师:好,现在请你们按设定的方法做一个每分钟摆动 60 次的钟摆吧,在实验时请作好实验记录。

(学生实验)

实验记录

调整摆长,使它每分钟正好摆动 60 次		
调整次数	摆长度	每分钟摆动次数
1		
2		
3		
4		
5		
6		
7		
8		
9		
10		
……		
总结:		

(学生汇报)

师:请各个小组长把实验结果跟大家汇报一下。

生 1:我们的实验结果是当摆长调整到 22 厘米时,每分钟正好摆 60 次。

生 2:我们的实验结果是当摆长调整到 22 厘米时,每分钟正好摆 59 次。摆长是 23 厘米时每分钟摆 62 次,摆长是 22.5 厘米时每分钟正好摆 60 次。

生 3:我和这位同学的实验结果一样。

师:同学们都做得非常仔细,实验非常成功。由于各种因素的影响,同学们的实验结果有点误差,这在科学上是正常的。刚才同学们观察、测量得都很认真。科学家们经过大量实验和科学的计算得出秒摆的长度大约是 24.8 厘米。你们的结果与这个值都很接近,你们太了不起了,向你们表示祝贺。

例20　水的热胀冷缩

【案例评析】

在教学中,让学生学会选择材料,学会改造材料,可以提高学生的实验能力。特别是让学生学会寻找身边现有的材料进行实验活动,能让他们走出课堂也能进行实验,拓展了学生的活动空间。

【活动案例】

师:今天我们来观察水的热胀冷缩现象。这里有几个小建议,供同学们讨论。

(展示小建议)

(1)我们准备把试管中的水放在什么样的容器里实验?

(2)用什么方法可以更明显地看到试管里的冷水变成热水后,水面迅速上升的情况?

(3)用什么办法可以又方便又快速地让试管里的冷水变成热水?

(学生讨论)

师:谁想到实验的好办法了?

生:在试管旁边挖一个小洞,插上吸管就可以了。

师:你怎样想到这个方法的?

生:平时喝牛奶时,有时吸管一插进去牛奶就会从吸管中喷出来,所以我就想到了。

师:你很会观察,也很会思考,真是好样的!

生1:我觉得在试管上挖小洞太麻烦了,一不小心还会把手弄伤。

生2:试管不容易挖破。

师:那你有什么好办法?

生:我想到了,这几天我都在喝"开胃宝",只要买一瓶"开胃宝",插上吸管,不就可以吗?

师:这个方法不错,既简单又方便。

生:太浪费了。

师:那怎么办比较好?

生:可以把喝过的这些瓶子拿过来用。

师:你很懂节约,这是我们中华民族的传统美德。还有吗?

生:怪不得老师会让我们回家带一些空的小瓶子。

师:你很聪明,能明白老师的意思。

生:嘿嘿,我可不可以说其他的?

师:当然可以。

生:把瓶子装满水后,再插上吸管,放在火上烧一下,再放到冷水里,不就可以观察了吗?

师:还有补充或不同意见吗?

生1:可以是可以,只是瓶子有时一不小心就会破掉的。

生2:不会的。

生3:会的,我以前玩过的。

师:你知道瓶子为什么会破掉吗?

生:不知道。

师:你很会观察,不知道没关系,学了这一节课后,也许你就知道了。

生:真的?

师:还有其他的方法吗?

生1:用双手捧着也可以,因为我们的手也有热量的。

生2:那太慢了。

师:那你说用什么办法又快又方便?

生:用开水最方便了,因为平时牛奶冷了,我都用开水把它弄暖的。

师:我们班的小设计师很有自己的想法,真不错!老师给你们准备了"材料小超市",你们可以根据自己小组的设计,自由选用这些材料。

(三) 在交流中辨析

以下课例体现了探究式教学活动流程中的"分析结论"和"表达与交流"环节。

例21　我们身高和体重的变化

【案例评析】

本课例最大的亮点是学生把数据收集后,教师与学生、学生与学生之间一系列的交流。让学生学会对数据进行分析,也让他们认识到数据采集、处理在科学探索中的重要意义。

【活动案例】

师:我们在成长过程中,不但外貌会发生变化,身高、体重也会发生明显的变化。

师:我这里有你们从一年级开始,每年进行一次的体检资料,现在发给你们,请你们把自己的身高、体重数据,收集、整理到《身高、体重的变化表》上。

(学生活动,收集、整理数据)

师:从这些数据中我们能发现些什么?

生1:我发现我的身高、体重每年都在增长,而且每年增长的多少都不完全一样。

生2:我发现7岁跟6岁比身高增加了3.1厘米,体重增加了3.25千克,8岁与7岁比身高增加了3.6厘米。

生3:我的身高、体重从10岁(去年)开始就明显加快,10岁这一年身高增加5.9厘米,体重增加5.8千克,而今年比去年身高增加了6.3厘米,体重增加了6.4千克。

生4:我身高、体重每年增加都差不多,身高增加在3~4厘米之间,体重增加在3.1~3.6千克之间。

师:根据表中的数据和刚才的交流,你发现了什么规律性的东西?

生1:我发现我的身高、体重每年都在增长。

生2:我觉得我们每个人随着年龄的增长,身高、体重都在增加。

生3:我发现许多同学的身高、体重从10岁或11岁开始增加得快些。

生4:我认为可以这样概括,每个人的身高、体重都随年龄增长而增加,呈上升趋势。

师:你概括得很好,每个人的身高、体重都随年龄增长而增加,呈上升趋势。不过老师有个问题,老师今年五十多岁了,按你说的老师应该不止这么高呀。

生:(笑)人长到一定的年龄就不长了。

师:刚才,大家都对数据进行了认真分析,如果要更直观地反映身高、体重的变化,我们还可以把数据转化成曲线图。

例22　测量一杯水的温度

【案例评析】

本课例,教师在实验前与学生们的猜想,实验时对学生的指引,以及实验后对数据的分析,整节课都在与学生进行交流。教师时而对学生提提问题,时而为学生解解疑惑,时而为学生化解分歧。教师俨然学生中的一员,"有艺术"地引领着学生探索科学的规律。

【活动案例】

(教师倒出一杯热水)

师:谁来看一下温度是多少?

生:86℃。

师:再请一位同学看一下。

生:85℃。

师:他们俩说的不一样,再来一位同学。

生:83℃。

师:怎么3个人看了3个温度?

生:这杯水的温度已经下降了。

师:一杯热水,是不是总是固定在一个温度?

生:不会的,温度会逐渐下降的。

师:为什么?

生:因为热量会散失,水会变凉。

师:如果每隔 2 分钟测量一下它的温度,相隔相等的时间,温度下降的规律将是怎样的呢?

生 1:开始温度下降得快,后来下降得慢,到水凉了,温度不再下降了。

生 2:开始时下降得慢,后来下降得快。

师:意见不一致了。

师:大家想一想,你同意哪种意见? 是不是还有第 3 种可能:温度下降是均匀的,比如每隔 2 分钟都下降5℃?

生:我同意第 1 种意见。

师:还有哪些同学同意第 1 种意见?(大部分学生举手)

师:有同意第 2 种意见的吗?(少部分学生举手)

师:有第 3 种可能吗?(没有学生举手)

师:咱们看看这 3 种可能性到底哪种是正确的?

生:第 1 种对,开始水很热,温度会下降得快。后来有些凉了,温度下降得就慢了。

师:好,这是你的意见。这几种估计都是在科学实验前作的预测,但还需要有充足的理由,特别是用科学的数据来证明哪一种假设是规律。所以,下面我们来实际测一测,看一看哪种意见是正确的。只有通过科学实验验证的才算得上是真理。

师:过一会儿,我给每组同学一杯热水,温度计先不要放进去,我统一发口令,大家一齐把温度计放进去。每组 3 个同学负责拿温度计观察测量,1 个同学记录。注意在移交时温度计不要离开水面,不然结果就不准确了。每到 2 分钟,我提前 10 秒钟开始倒数“10,9……3,2,1,到”,这时你们赶紧把温度记住,记录在表格上。开始时温度计的示数先升高,到一定温度时停了,组长举一下手,表示温度计的示数已达到顶点,大家都达到顶点了,我再计时,此时的温度记在"0分钟"格内,然后依次记录。

(教师给每组杯子里倒热水,学生实验,教师每隔2分钟报时)

(10分钟后,教师取一个组的记录表,将数据抄在黑板上的记录表内)

师:有的组已计算出每隔2分钟下降的温度。科学家通常采用统计图来研究科学规律。下面我们来画一张统计图。我们把这一组数据标在统计图上。第1个数据在左面的温度标尺上,83℃在这里,下面是75℃……

(教师依次把各温度数值标在图上,用尺将各点连接起来成一条曲线)

师:这是一条曲线,说明了什么?

生:说明温度下降是先快后慢。

师:对了,(用尺比较统计图上的曲线)是先快后慢。从这条曲线上可以看出开始下降的梯度大,坡度陡,逐渐地这条线越来越平,逐渐下降。

师:现在你们将每个组自己的数据标在统计图上。

(学生绘制统计图,教师一一粘贴在黑板上)

师:看看各组画的统计图是不是都是一样的规律,你们能发现了什么问题?

师:各组的数据是不一样的,水的多少、倒水时间的早晚都不一样,但温度下降的规律是不是一样的? 对照我刚才画的统计图,你们发现了什么问题?

生:第6组的和幻灯片上的一样。

师:你发现这9个组的统计图有什么规律?

生:都是一条曲线。

师:还有吗?

生:都是先快后慢。

师:有什么不一样的?

生:第7组曲线弯曲不大。

师:弯曲度为什么会不一样?

生1:可能开始的温度不一样。

生2:可能跟水的多少有关,我们组放温度计的时间早,组长先举手,等到各组都达到顶点了,我们组的温度已经开始下降了。所以开始时,温度下降的数值跟其他的组不同,第1个2分钟温度下降应该比6℃多。

师:我们通过对这些统计图的比较可以发现一些问题,这是研究科学的一个很重要的方法。当我们对一个事物提出一个问题,我们可以先预想一下它可能有什么样的规律,可能是这样,也可能是那样。如开始大家估计到第1种情况,开始下降得快,后来下降得慢,是有一定道理的,是有一定根据的猜想。这种猜想很重要,是很重要的方法,以后遇到一些问题可以用这种方法假设,可以多提出几种可能。然后怎么办呢?

生:做实验。

师:对,因为一切科学真理都来自科学实验。所以通过科学数据的统计、作统计图表等能发现实际的规律。我们虽然各组只做一次实验,但9个组同时做,等于做了9次相同的实验,9次的实验结果都一样,证明这就是科学规律。如果我们自己做实验,只做一次还不够,要多做几次相同的实验,必然会发现规律性的东西。

例23　保护消化器官

【案例评析】

本课例,教师与学生在轻松自由的环境中,相互聊天式地交流,在交流中学生领会了其中的科学道理。虽然这种交流会容易"跑题",但在教师巧妙的引领下,却显得那么的自然和开放。

【活动案例】

师:现在请同学说一说,我们人的消化器官有哪些?

生1:口、食道、胃、肠。

生2:肠分为小肠和大肠。

生3:还有肛门。(全班大笑)

生4:肝脏和脾脏也有帮助消化的功能。

师:很好。

师:消化器官的工作还很繁重,科学家发现,人体的消化道很长,大约有9米,而食物在我们人体停留的时间大约是24小时。你知道9米有多长吗?

师:老师这里有一根9米长的绳子,我们来感受一下9米有多长。

(学生将9米长的绳子拉直)

生:啊?这么长啊!

师:为什么消化道这么长,而食物在体内停留的时间又那么长呢?

生1:因为我们吃了难消化的东西。

生2:比如说鱼骨头。(全班大笑)

师：事实上鱼骨头还是很容易消化的。但小石头和铁钉可不会消化的。（全班大笑）

生：老师，不会消化的东西，会不会拉出来？

师：有些可以，但有些可不会那么容易出来，它还会伤害到我们的消化器官，需要到医院动手术拿出来。

生：啊！

师：好了，回到原来的话题，消化道长除了方便消化难消化的食物，还有什么作用吗？

生：为了让我们更好地吸收食物中的营养成分。

师：有道理！我们应该怎样对待我们的消化器官呢？

生：好好保护它们！

师：怎样保护？

生：不暴饮暴食。

师：为什么不能暴饮暴食？

生：会加重我们胃肠的负担。

师：嗯，还有吗？

生：不要吃不干净的食物，容易得肠胃炎。

生：拉屎后要洗手。（全班大笑）

师：对，要注意个人卫生。

生：不要吃完饭后运动。

师：这是为什么呢？

生：会增加肠胃的负担。

师：很好，课前我对全班同学消化器官健康情况进行了一次调查，我公布一下调查结果：我班共有 50 人，有龋齿者 5 人，有牙疼经历者 4 人，有卡鱼骨经历者 16 人，有胃疼经历者 10 人，有拉过肚子者 40 人。

生:老师,王辉上次拉肚子拉在裤子上,让整个课室都很臭。
(全班大笑)

师:哈哈,没关系,上次我拉肚子,一个小时上了 7 次厕所,
最后只有上医院打针才止住。

生:我也是。

师:好,现在每组同学相互说说自己得病的经历和当时的感
受吧。

(学生讨论气氛热烈)

例 24　观察岩石

【案例评析】

教师在与学生交流中,要学会在关健的地方"点睛",这是
教学的技巧。比如,在本课例中,当学生回答到岩石有粗糙的特
征时,教师插话:"你是怎么知道粗糙还是光滑呢?"还比如,学
生说:"用铁钉划,有一条线。",教师即刻给予肯定:"通过划线
可以检验岩石的硬度。"等等。

【活动案例】

师:你们挑出来的岩石都一样吗?

生:不一样。

师:有哪些方面不一样,各有什么特征?

师:我们还可借助工具来认识岩石。

生:用铁钉刻。

师:这是一种方法。下面就开始观察吧。

(学生活动)

师:现在请同学来汇报观察的结果。

生1:它们有的大有的小。

生2:它们的形状不同。

生3:用钉子敲一敲,能发出不同的声音。

生4:有的岩石粗糙,有的岩石光滑。

师:你是怎么知道粗糙还是光滑呢?

生:用手摸的。

师:很好,还有哪些特征呢?

生:有的岩石能发光。

师:有光泽。

生:用铁钉划,有一条线。

师:通过划线可以检验岩石的硬度。

师:同学们观察得非常仔细,这些都是岩石的外部特征。

师:因为岩石有这么多不同的特征,所以岩石才具有多样性。

师:下面请各小组选取一块你们最喜欢的岩石,仔细观察,并填写观察记录。

(学生观察)

师:下面请两个小组汇报,汇报时举起岩石展示给全班同学看,让大家来评价你观察得是否正确。

生1:我们选择的岩石形状是不规则图形,颜色是浅灰色,硬度是较硬,采集地点是老师的家乡。

生2:我们选择的岩石形状是卵形,颜色是白色,硬度是较硬,采集地点是河滩里。

师:你是怎么知道这块岩石是河滩里采的?

生:因为它很光滑,被河水冲刷过。

师:真是一个爱动脑筋的好同学。

师:同学们写的观察记录还真不错,把岩石的特征都写出来了,但这些岩石就没有一点相同相似的地方吗?

生1:有。

生2:有几块颜色比较相近。

生3:还有几块岩石有花纹。

师:看来岩石的相同点还真不少,我们可以把它们的相同之处作为一个标准,将这一堆岩石进行分类。

(学生活动)

例25 天气与温度

【案例评析】

在课堂教学的交流中,往往有一些学生爱"钻牛角尖",敢于对书本中的知识点、老师的讲解、同学的发言提出异议,给预设的课堂教学"添乱",但这恰恰是孩子智慧创新的火花。在教学中要关注学生的质疑,对学生的"挑战"巧妙地、及时有效地因势利导,让学生各抒己见,畅所欲言,答案便在辩论中产生了,预设和课堂生成也达到了最佳点。

【活动案例】

师:今天我们来学习《天气与温度》。请大家先来看一段有关天气的录像。

师:看完了刚才的录像,请大家讨论两个问题:刚才的天气预报涉及哪些方面的内容? 由此我们可以知道天气是由哪些要素组成的?

生1:天气预报里说了明天的最低温度和最高温度。

生2:她告诉了我们明天是晴天。

生3:她还告诉了我们明天城区的空气污染指数。

师:大家回答得很不错。现在有些媒体的天气预报里还会出现人体舒适度指数、紫外线强度、森林火险等级等新的内容,我们可以从中获得很多信息,同学们以后在生活中也可以关心一下。

(课件展示两幅图片)

师:请大家用自己的话说说这两幅图片。

生1:第1幅画在刮大风、下大雨,第2幅画晴空万里、风和日丽。

生2:我想第1幅画的那天应该比较冷,气温比较低,第2幅画的那一天应该比较热。

生3:这两幅画都是在告诉我们在那一天的天气情况。

师:那么能不能说那个地方这几年来天气都很好或者都很不好呢?若不能,那该如何表达呢?

(出示描写气象的词语:"阴转多云、晴空万里、和风细雨、雷电交加、冬暖夏凉、终年高温、冬雨夏干、秋高气爽"。引导学生讨论哪些词语是描写天气的,还有一些词语又是描写什么的)

生1:我认为,阴转多云、晴空万里、和风细雨、雷电交加是用来描述天气的,还有一些词语不是。

生2:我觉得,除了他说的以外,秋高气爽也是描写天气的。

生3:我知道,冬暖夏凉、终年高温、冬雨夏干、秋高气爽是用来描述气候的,因为这几个词语是描写一个季节甚至一年的,我在课外书上看到过。

生4:我认为秋高气爽是用来描述气候的。

(学生七嘴八舌地议论开了)

师:那么,"秋高气爽"到底应该是描述天气还是描述气候的呢? 能不能说今天秋高气爽?

生1:我觉得应该能,我们写作文时,可以这样说:十月的一天,秋高气爽,我们几个约好了去儿童公园游玩。

生2:老师,我觉得秋高气爽描述的是整个季节的天气较好,这是一段时间内天气的综合状况,应该划分到气候范畴的。

生3:老师,你是怎么认为的?

师:有没有哪位同学带了词典? 我们查查秋高气爽的具体解释。

生1:老师,我们都没带词典。

生2:老师,不是可以上网查吗?

(教师打开电脑,进入搜索网站,输入关键词:"秋高气爽 天气 气候")

师:从网页上的显示,告诉我们:秋高气爽更倾向于描述气候。

例26　点亮小灯泡

【案例评析】

帮助有困难的学生解决问题是交流中的一种做法。大家一起分析"失败"的原因,可以让所有学生都得到教育,也对学生的科学思维发展和科学精神的养成方面有正面的意义。

【活动案例】

师:刚才我们一起认识了小灯泡,如果老师再给你一根电线,一节电池,你能否把小灯泡点亮?

生:能。

师:好,下面我们一起来点亮小灯泡。我们进行比赛,看看哪个小组最快把小灯泡点亮。

(学生动手实验,教师巡视)

师:刚才老师观察了,有的组点亮了小灯泡,有的组没有点亮小灯泡。我们先让遇到问题的小组把问题拿出来,大家帮助他们解决一下好吗?

生:我们小组存在的问题是:这个小灯泡与电池连接,小灯泡不亮,不知道小灯泡怎样放?

师:还有遇到问题的组吗?

生:我们组把小灯泡连到这里,也不能点亮小灯泡。

师:现在有两个组遇到了问题。大家心里肯定在想,点亮的小组是怎样点亮小灯泡的呢? 大家想知道吗? 现在,我们请点亮的小组展示他们的连接。

(教师请点亮小灯泡的小组到前面展示,并表示连接方法)

师:好,现在大家分组讨论,你们组的连接方法是不是与该组一样? 有何不同?

(小组讨论)

师:谁来说说你的观察?

生1:我们组可能小灯泡安反了。

生2:他们组的电线没连对。

生3:他们组的电池接反了。

生 4：他们的导线产生了短路。

师：小灯泡的灯丝两端分别连到了两根金属丝上。两根金属丝中，一根连到了小灯泡底部连接点，另一根连到了小灯泡金属壳的连接点。两个连接点连到哪？

生：分别连到了电池的正极和负极。

师：也就是说，电池的两个极应该与小灯泡的两个点相连，才能让小灯泡亮起来。

例 27　了解植物的器官

【案例评析】

本课例，通过教师与学生、学生与学生之间的交流，使学生了解查找资料的方法，并在交流中把查找到的资料一起汇总、整理和分类，提高了学生自学的能力。

【活动案例】

师：今天这节课，我们就利用查找资料的方法来认识植物的器官对于植物生长起到什么作用。

师：实际上查资料对于老师或科学家来说都是一种经常要用到的方法。下面我们来看一段录像，看看老师碰到一些问题时是如何通过书籍来查找资料的。

（播放视频）

师：片子看完了，谁来说一说老师是怎么做的？

生：老师先是到图书馆里找到关于科学的书架，然后找到需要的书，再到目录里找需要的资料，找到了后把需要的资料抄下来。

师：谁来补充?

生：查资料的时候要先看目录。

师：通过看这个片子，大家说到老师是先到图书馆，找到放科普书籍的这个书架，找到科普书的书架以后，我们是根据什么找到我们要的书呢?

生：比如，我们要找关于植物的书，就找一找有没有关于植物的书名。

师：找到这类书的书名后，我们就按照"查书名、查目录、找文章、找段落、摘抄、整理"这样的顺序做查资料的工作。

师：黑板上一共有6个问题值得我们去研究。我们以研究植物的根为例，看一下这些书籍中哪些有助于我们研究这个问题? 我们看一看，从书名可以获得哪些信息?

（学生查找，然后汇报）

师：我们在一个较大的范围内，找到3本书可能有助于我们这个问题的研究，是这样吗?

生：是。

师：当我们选定了书以后，就可以翻开这本书的目录，看一看哪些是对我们有效的信息。我们看看这部分，它说的是关于《植物的生长》，有这么多的小标题，哪个小标题适合我们的研究内容?

生：《植物的根》。

师：根据这个信息，我们怎样利用这本书呢?

生：看目录上的页码，翻到对应的第32页。

师：好，打开这一页，我们发现，在这一部分有这样一段话，谁来念一念?

生：根是植物的组成部分之一，通常长在地下。根有两个十分重要的作用,一个是固定植物的身体,另一个是吸收水分和养料。

师:好。现在关于植物的根的研究我们是否找到一个答案呢?这部分是不是我们要用的有效信息?

生:是的。

师:找到这个有效信息以后要怎么处理这个信息?

生:把这个信息部分摘抄下来。

师:可以做成一个资料卡。资料卡里都包含哪些信息?

主　题	植物的根	搜集时间	
出　处	《漫步植物世界》	搜集人	
内容摘抄: 　　根是植物的组成部分之一,通常长在地下。根有两个十分重要的作用,一个是固定植物的身体,另一个是吸收水分和养料。			

生:包含主题。

师:主题也就是我们的问题是什么!请继续。

生:还有出处,也就是查找的这本书是什么名字。

师:还有谁来?

生:还有搜集时间,最后还要把你查找到的内容抄下来就可以了。

师:那么资料卡上有这些信息,对我们搜集整理信息有哪些好处呢?同学之间相互说一说,讨论一下。

(分组讨论后发言)

生1:好处之一,就是可以帮你分类,比如你又在其他一些书里找到关于植物的根的有用的资料,就可以把它们放在一起。

生2:还有就是你找完资料后还可以到那本书里去看一看

更多的关于植物的资料。

生3:如果你记不住这么多的文字,你可以抄在资料卡上,以后,如果你忘了,就不用再费劲翻那本书去查找了,直接看摘抄就行了。

师:同意吗? 有没有补充的?

师:现在关于植物的根的问题我们大家一起解决了,还剩下5个问题,咱们各组任选一个问题,然后去查找资料,完成后把资料卡填好。

(学生分组讨论后,查找资料)

例28 蜻蜓和麻雀

【案例评析】

学生在交流的过程中,会产生思维的碰撞,教师应该要好好地利用这一时机,让学生在交流与碰撞中得到提升。

【活动案例】

师:自然界有很多与蜻蜓和麻雀相似的动物。

(演示课件)

师:请大家仔细观察这些动物的身体特征,找出蜻蜓的同类和麻雀的同类,想一想你们为什么这样分? 它们在哪些方面相似呢?

(学生操作)

师:为什么把它们归为蜻蜓一类? 外形上有哪些相同的特点?

生1:都有触角。

生2:都没有羽毛。

生3:都有许多对足。

生4:我不同意他的说法,它们都有3对足。

师:像蜻蜓那样具有1对触角、2对翅膀、3对足的动物属于昆虫。

师:为什么把它们归为麻雀一类? 外形上有哪些相同的特点?

生1:嘴巴都是很坚硬的,都会叫的。

生2:有的昆虫也会叫。

生3:身上都有羽毛。

生4:都有1对翅膀。

师:像麻雀那样身上有羽毛、1对翅膀、1对足的动物属于鸟类。

生1:我把蜘蛛、鸵鸟和鸡分为一类,因为这些动物都不会飞。

生2:鸵鸟和鸡都有羽毛,都有一对翅膀,和其他鸟是一样的,虽然不会飞,应该属于鸟类。

例29 它们是鱼吗

【案例评析】

学生对鱼有丰富的感性认识。本课例,教师在与学生交流中故意抛出"失误",这样就激起学生的争论,让学生在辨识中去发现问题。

【活动案例】

师:你们见到过哪些鱼呢?同组同学之间相互说一说自己认识的鱼。

(学生相互讨论1分钟)

(投影显示:鲫鱼、鳄鱼、海马、乌贼、甲鱼、鳗鱼、鲸)

师:你们认识这些"鱼"吗?

生:老师,您说错了!

师:老师哪儿说错了?

生1:海马、鳄鱼、乌贼、甲鱼不是鱼呀!

生2:不,海马是鱼。我在《百科知识》上看过对海马的介绍。

生3:鲸鱼也不是鱼。

师:既然鳄鱼、甲鱼、鲸鱼不是鱼,那为什么还把它们叫鱼呢?

师:而海马一点儿也不像鱼,又为什么是鱼呢?

生1:在水里生活的不一定是鱼。

生2:鱼要有腮,鳄鱼、甲鱼都没有腮。

生3:鲸鱼是用肺呼吸,是哺乳动物。

生4:我没仔细看过海马,不知它是不是鱼。

生5:鱼身体上还有鳞片。

生6:鱼有鳍,它是用来游泳的。

生7:鱼的身体内还有鱼鳔。

师:你认识的鱼是什么样子的?有什么独特的地方?

生1:我在电视上看到过一种鱼,还会爬树呢!海洋里还有一种会"飞"的鱼。

生 2:我见到的鱼都是扁的,中间宽,两端窄。

生 3:我认识的鱼全身有鳞片,它在水中会用鳍游动。

生 4:鱼不会眨眼,因为它没有眼皮。

生 5:鱼在水中会不停地"喝水",水又会从鳃后流出来。

生 6:鱼的肚子里有鳔。

生 7:鱼还会产卵。

生 8:我吃鱼时,发现它的体内有很多刺。

师:好,你们说得不错,我们要把这些动物进行分类,还必须先要了解鱼。

例 30 运动的方式

【案例评析】

本课例中,教师与学生有很长的一段对话,学生提出了许多的疑问,教师在与学生交流中每一个问题都不会回避,而是很耐心和细致地通过交流,引领着学生去发现问题的本质,让学生去解决问题。这种耐心而细致的交流,会让学生感觉到教师就像一位亲近的长者。

【活动案例】

师:刚才大家都让自己的玩具动起来了。谁说一说,你手里的玩具刚才是哪一部分在运动? 是怎样运动的?

生:老师,我手里的小鸭子的脚的运动,是什么运动?

(学生展示可爱的小鸭子运动,同学们笑了起来)

师:小鸭子脚的这种运动方式应叫什么运动?

生:摆动。

师:为什么不叫移动? 它的脚在上下移动呀。

生:它的脚不是平移,而是上下在动。

师:上下动就不是平移吗?

师:我这样上下动不叫平移吗?(老师演示)

生:小鸭子的脚一会儿向上,一会儿向下。

师:我们再看小鸭子的脚,在动的时候它绕着哪儿在动?

生:它是绕着一个点在动,平移时是整个物体都动。

师:是呀,你们看老师的手在动,它绕着哪儿在动?(做扇动的动作)

生:手腕。

师:小鸭子的脚绕着哪儿在动?

生:绕着脚腕在动。

师:还有谁的玩具上有这样绕着一个点在动的?

生:我的小兔子耳朵上下动的时候是绕着它的耳朵根儿在动。

师:像这样围绕着一个点在动,我们把这样的运动叫做什么?

生:摆动。

师:我们找到了移动、滚动、转动、摆动,你的玩具上还有没有其他的运动方式?

生:老师,我的这个玩具上了弦以后放到桌上,它上下直蹦,是振动。

师:是吗? 还有谁的玩具也可以做这样的运动?

生:我的玩具也能在桌子上蹦。(边说边演示)

师:像这样上下直蹦的动,我们称它什么动?(边说边演示)

生1:振动。

生2:他的玩具不是振动。

生3:老师,那不是振动是走动。(全班大笑)

师:可以这样说。想想我们在走动的时候身体的那些部分在动?

生:腿在动。

师:腿在做什么样的运动?

生:摆动。

师:绕着哪儿在动?

生:大腿根。

师:是的。其实我们的胳膊也在做这个运动。(演示)在走路的时候我们的身体还做了哪些运动?

生:平移。

师:非常好。

生:老师,刚才我们说摆动和转动都是围绕一个点动。那它们有什么不一样?

师:是呀,它们有什么不一样呢?

生:转动就是绕着一个点转,在这个点周围不停地转圈,而摆动就是绕着一个点上下做摆动。

师:他把转动的特点说得非常清楚,而摆动说得有些含糊。要想找到各种运动的不同点,就得找到每种运动自己的特点。我们先来看一看,像风车这样的转动有什么特点?

生1:转动之后能成一个圆。

生2:它是转了一个360°的圈。

师:你是说转一个完整的圈以后才是转动,转半圈不能算是吧?

生:是的。

师:就这个特征我们可以用语言描述,你还能用别的方法吗?

生:动作。

师:能否在纸上把它记录下来呢?

生:可以画一画。

师:你能来画一画吗?

生:我能。

师:请你到前面黑板上画一下。其他同学看他画的和你想的是不是一样?

(学生画图)

师:行了?

生:老师,我不同意。

师:那请你再来画。

(另一学生画图)

生:老师,我还不同意。

师:你再去画。

(第3个学生画图)

生:老师,还不同意。

师:我们来看看他们画的图。他们画的相同点在什么地方?

生:他们都画了一个圈。

师:表示什么?

生:圈表示在转。

生:上面的箭头表示顺时针转。

师:你们有没有和他不一样的地方?

生:我觉得应该在中间加一个点。

师:为什么?

生:表示它在围绕一个中心点转。

师:你非常聪明。(粉笔交给该生让他到黑板前补充,之后老师面向全体学生)你们也是这样想的吗?

生:是的。

师:黑板上画了4个图,哪一个最能表示出转动这种运动的特点?

生:第4个。

师:是的,就这样围绕一个点在转。至于箭头顺时针还是逆时针有关系吗?

生:没有。

师:这样用最简单的图示表示出了一种运动的特点。我们接下来去找找平移、滚动、摆动、振动它们的特点,也用示意图表示。

师:哪个小组愿意把你们观察记录的结果给大家展示一下?

(学生将实验记录放到投影下)

生1:我们选择木块做平移,方形表示木块,箭头表示移动的方向。我们选择钩码做滚动,中间的圈表示钩码在转,箭头表示钩码在向前滚。我们选择用木块做振动,把木块举起后让它落到桌子上就会有振动产生。我们还选择用钩码做摆动,钩码在空中移动。

生2:你的那个木块落到桌子上的振动只是一瞬间的,怎么能看清楚呢?

师:你认为他们在选择演示振动的材料时,选择了木块不太合适。还有问题吗?

生1:你们组在用钩码做滚动时,为什么画的和移动一样?

生2:不是的,在这个圈上有一个箭头。

师:我来看一下。是有一个小箭头,画得太轻看不清楚了,老师再帮你描一下。

生:老师,我觉得他们的这个滚动也可以朝后滚动。

师:你说得真好,几种可能性都想到了。

生:我觉得移动也可以向不同的方向动。

师:很好,你借鉴了刚才那个同学的思维方式,想得很全面。还有问题吗?

生1:他们画的摆动我没看清楚。

生2:老师,我给他解答:他们画的两侧的虚的钩码是表示钩码在左右摆动。

师:是的,他们的圈上画了几个虚的钩码,后面的同学可能看不清楚。你们能再描一下吗?(学生描图)

师:这下看清楚了吗?

生:看清楚了。

师:其他小组,你们的表示方法和他们一样吗?

生1:我们组画的和他们不一样。我们用实线画了一个钩码,在它的旁边画了一个虚线的钩码。在它们间用了一个箭头表示来回摆动。

生2:老师,我们组只画了一个钩码。在它下面画了一个箭头,表示来回摆动。

师:请把你们的图画到黑板上。

(两名学生分别把他们的图画到黑板上)

师:我们看一下这几个表示摆动特点的示意图是否能够把摆动的特点表达清楚?

生:这3个同学画的都不一样,但我觉得他们画的都对。

师:如果让你从中选择一个表示摆动特点的示意图的话,你选择哪一个?

生:我选最后一个。(示意图画的是一个吊起来的钩码加一个双向箭头)

师:(笑)好画是吧?其实我们在用图示表示事物特点的时候,图画得越简单明了越好。

(四) 在活动中体验

在整个科学探究活动中,教师应利用学生的感观和经验,让学生自主去领会科学的真谛。

例31 我们在呼吸

【案例评析】

本课例,教师设计了"憋气"、"静态时的呼吸"和"动态后的呼吸"3个活动,让学生在这3个活动中去体验和感受人的呼吸的重要性,以及人的呼吸的变化规律。

【活动案例】

师:大家猜一个谜语,怎么样?

生:好。

师:看不见,摸不着,没有颜色没味道,动物植物都需要,时时刻刻离不了。

生:空气。

师:大家真聪明,立刻就猜对了。谁来说说为什么人离不开空气呢?

生1:因为我们每个人都得呼吸,如果不呼吸,几分钟就会死掉。

生2:没有空气,所有生物都无法生存。

师:夏天,很多同学都喜欢到游泳池去游泳,学习游泳时都要先练习憋气,请同学们像学游泳那样,吸一口气,然后屏住呼吸,看能憋多长时间?(提示学生不可憋得太久)

生1:我很难受,上不来气。

生2:我很痛苦。

生3:我很不舒服。

师:刚才同学们感受到了憋气的确比较难受,这说明了什么?

生1:说明人离不开空气。

生2:我们每时每刻都需要呼吸。

师:我们是怎么样算呼吸1次?

生:吸1口气呼出1口气算是呼吸1次。

师:怎么样可以测量到呼吸的次数?在测量时不要故意加快或者放慢呼吸的节奏,要和我们平常静坐时一样,要放松再放松。大家一起呼吸3次。(师生共同呼吸3次)

师:为了便于记录我们呼吸的次数并进行分析整理,要把数据填写在表格里。(课件出示"运动与呼吸"活动记录表)

(师生共同测量1分钟的呼吸次数,用课件进行1分钟计时)

师:请同学们汇报测量数据,与你预测的数据一样吗?

(学生汇报1分钟的呼吸次数)

师:一般成人正常呼吸为16~20次/分,儿童30~40次/分,那么现在看看自己的呼吸正常么?

生:正常。

师:刚才我们测量的是静坐时候的呼吸次数,如果我们运动之后会发生怎样的变化呢?

生1:呼吸会加快。

生2:上体育课做过操后,有的同学会呼哧呼哧直喘气,呼吸的次数明显多了。

师:那多多少呢? 大家猜一猜。

生1:会多十几次吧。

生2:可能会多二十多次吧!

师:那我们猜得对不对呢?

(教师带领学生在音乐声中做3节广播操)

师:活动结束,同学们马上测量运动后的呼吸次数,并作好记录。(用课件进行1分钟计时)刚刚参加了一些运动,你感觉自己的身体发生了哪些变化? 测试的数据和你的预测相符么?

生1:多了10次。

生2:差不多。

师:我们能够大胆猜测就非常好,如果还能找到合适的方法进行验证,那就更棒了。现在请同学们阅读自己的活动记录表,比较一下你测量的这两组数据,有什么发现?

生1:运动后呼吸的次数增加了。

生2:休息一会儿,呼吸次数还会恢复原来的样子。

师:请同学们在小组内分析收集到的数据,有什么共同的地方? 有什么不同的地方?

(学生讨论、分析)

师:请小组的代表汇报结论。

生:我们小组发现运动之后,每个同学的呼吸速度加快,呼吸次数增加。

例 32　春夏与秋冬

【案例评析】

　　模拟活动是小学生天生具有的学习行为,很容易让小学生接受。在科学教学活动中可以设计一些模拟活动,加深学生对事物规律的理解。本课例,通过模拟地球的公转,让学生对四季的产生原因有了更深的理解。

【活动案例】

　　师:我们知道地球公转 1 周,我们就经历了 1 个春夏秋冬,那么四季是怎么产生的呢?

　　生:地球绕着太阳公转时,离太阳近时,就是夏天,离太阳远时就是冬天。

　　师:有没有同意这位同学的观点的。

　　生:我不同意,地球公转时,转的轨道是一个圆,每个季节到太阳的距离都一样。

　　师:你怎么知道是一个圆。

　　生:书上画的是一个圆。

　　师:对,公转时,轨道是一个圆,但又为什么会产生四季之分呢?

　　师:我们还是来研究研究地球的公转吧。我这里有一个地球仪和一个太阳模型,谁能举着地球仪,模拟绕太阳的公转?

　　(学生争先恐后,教师请一位学生示范)

　　师:谁能说一说,他模拟得怎样?

　　生:他忘记地球的自转了,而且公转的方向是错误的。

师:谁再来示范?

(一位学生上来示范)

师:他模拟得怎样?

生:很好。

师:我来示范一下,对比刚才这位同学,地球的公转有什么不同?

(教师示范)

生:老师执的地球仪,自转的轴一直保持向一个方向。

师:非常正确。好,现在两个同学合作,一个同学当太阳,另一个同学执地球仪绕太阳公转。当太阳的同学,要观察地球仪的北半球或南半球,当地球转到哪里时北半球或南半球看起来更近一些?

(学生模拟实验)

师:谁能来把自己的观察说一说。

生:当地球转到这里是,北半球看起来近一些,而转到对面时,南半球看起来近一些。

师:很好,其他组是否也和他观察到的一样。

生:(齐声)是。

师:好,谁能用刚才的模拟实验来解释四季产生的原因。

生1:因为自转轴一直向一个方向倾斜,所以南(北)半球就会向太阳靠近些,那就是一年的夏天了。

生2:南(北)半球偏向太阳时,接受的阳光就多。

师:对,这就是四季产生的原因。

师:好,现在我们在书本上的模拟图上,标出四季来。

例33　打开盖子的工具

【案例评析】

本课例,教师设计了"用手打开桶盖"、"用铁条打开桶盖"和"用开盖器打开瓶盖"等一系列活动,让学生在每一项体验活动中,感受到使用工具的重要性,为学生更深入地研究工具的秘密打下基础。

【活动案例】

(教师出示油漆桶)

师:你们能用手把油漆桶打开吗?

(学生尝试,没有打开)

师:用手打开油漆桶,感觉怎么样?

生:我的手都掰疼了,它还是不动。

生:老师,你能不能给我一把起子。

师:你要起子做什么?

生:我看过大人打开这种盖子的时候,是用起子撬的。

师:今天老师没有准备起子,但带来了这个。

(教师出示铁片)

师:你们将就着用用,看合不合适。

师:你们会用吗?

生:会。把铁片的一头伸进油漆桶盖子下,用力向下压铁片的另一头,盖子就会打开。

师:既然大家都会,那老师提个要求:打开盖子时仔细观察铁片是怎样工作的,并画出原理示意图来。

（学生实验）

师：你们组发现了什么？

生1：我们发现当我们用力往下按时，另一端会往上翘。

生2：靠在盖子边上的一点是不动的。

师：有没有打不开的油漆桶？

生：（高兴地）没有。

师：恭喜大家，力气变大了。

生：（会心一笑）不是的，是因为我们使用了工具。

师：看来合理利用工具会使我们的工作更有效率。像打开油漆桶的铁片那样，能绕着一个固定的支点将物体撬起的简单机械叫做杠杆。

（教师展示学生画的示意图）

师：如果没有铁片，你还能打开油漆桶盖子吗？

生1：能，可以用起子。

生2：也可以用小刀。

生3：我觉得只要是硬的，能插进油漆桶盖子下的，就可以撬开了。

师：杠杆这种简单机械在生活中有很多的应用。

（出示开瓶器和汽水瓶）

师：认识吧？会用吧？请打开瓶盖。同样要看清楚它是怎样工作的，也画出示意图来。

（学生实验后，教师展示学生画的示意图）

师：回想开瓶器的工作原理，判断它是不是杠杆？你能说出理由吗？

生1：是杠杆。它也是绕着一个支点运动的。

生2：用开瓶器打开汽水瓶时，也是一端用力，另一端撬起的。用力的点就是力点,扣牢瓶盖的一端就是重点。

师:既然开瓶器和铁片都是杠杆,请找出这两种杠杆有哪些相同的地方,又有哪些不同的地方?

生1:支点的位置不一样,铁片的支点在力点和重点之间,开瓶器的支点在最前端。

生2:用力的方向不一样,都是打开盖子,铁片是向下压,开瓶器是向上提的。

生3:他们也有相同的地方,它们都是绕着支点运动的。

生4:使用铁片和开瓶器都可以省力。

师:打开油漆桶的铁片、开瓶器等是常见的杠杆的两种形式。虽然形式不一样,但工作原理是相同的。

师:请想一想,在生活中,哪些地方用到了杠杆?

生1:用木棒撬起大石头时,木棒就是杠杆。

生2:起重机吊起重物,也是利用了杠杆原理。

生3:老师,我们小时候玩的跷跷板是不是杠杆?

师:你们怎么认为?

生:我认为跷跷板是杠杆,中间固定的地方就是支点,往下压的一端是力点,被翘起的一端是重点。

师:在我们会使用的工具中,哪些也是杠杆?

生1:铁锤。

生2:我不同意,铁锤是拿来敲的,不是杠杆。

生3:我们用铁锤来撬铁钉时就是利用杠杆原理。(边说边演示,并找到了重点、力点和支点)

生4:起子。

生5:剪刀。

生6:我觉得应该说明白在怎样使用时才是利用杠杆原理。

像铁锤,撬铁钉时是利用了杠杆原理,钉铁钉时就不是了。

生7:钓鱼时,鱼杆就是杠杆。

生8:用钳子夹铁丝时也是利用了杠杆原理。

师:杠杆的应用非常广泛,在许多机械中都有运用。

师:今天我们只是初步认识了杠杆这一简单机械。对于杠杆,你还有什么想研究的?

生1:我想知道杠杆是不是都可以省力?

生2:我想知道杠杆为什么可以省力?

例34　我们在成长

【案例评析】

本课例,通过猜一猜,激活学生探究欲望,让学生比较、发现过去的我和现在的我,寻找自己成长的足迹。学生就是在这样简单而有效的感受活动中,自然而然地理解了"我们在成长"这一教学主题。

【活动案例】

师:(展示班上一个学生不同时期照片的课件,先让学生看满月照)猜猜他是谁?

生:不知道。

师:(展示百日照)他是谁?

生:不知道。

师:(展示周岁照)他是谁?

生:不知道。

师:(展示3岁照)应该知道是谁了吧?

生：猜不出。

师：(展示5岁照)还猜不出吗？

生：(有点惊喜)哦，可能是……

师：(展示10岁照)这次，你们一定能猜着了吧！

生：(欢呼)是王辉。

师：同学们，看了刚才这组照片，从猜不出到异口同声地准确说出，说明了什么呢？

生：王辉从小到大外貌变化实在是太大了。

师：是啊，我们每个人在成长过程中，外貌都会发生比较大的变化。下面就请你们拿出自己珍藏的相册(照片)，仔细观察不同年龄的你，看看从小到大外貌上都有哪些变化。

(学生观察后交流)

生：我3个月大的时候，脸圆圆的，现在的我，脸长长的。

师：瓜子型的脸，变美了。

生：我小时候脸蛋圆圆的，看上去皮肤又白又嫩，粉嘟嘟的，现在的脸黑黑的。

师：观察真仔细。不过，我倒觉得现在的你，脸上皮肤也不黑呀，看上去似乎更结实些。(教师让她面向同学，给大家看看)

生1：3个月、周岁的我，别人分不清我是男孩女孩。到了3岁，我扎着两只羊角辫，一看就是女孩。

生2：我1岁大的时候，还要妈妈抱着，后来我可以扶着凳子站着。到了两岁，我就可以自己走路了。

师：是啊，俗话说：七(个月)坐，八(个月)爬九(个月)立定，会走的一岁零一(个月)，不会走的一岁零七(个月)。两岁的你肯定是个满地跑的野小子了。

生1:我两三岁的时候,看上去有点淘气可爱,到了四五岁,再看那眼神、小嘴巴,好象有点个性了。

生2:我发现我1岁的时候,小嘴里长出了两颗门牙,眉毛也比刚出生时浓了一些。

生3:我发现7岁这张照片上,我的牙齿掉了1颗,听妈妈说这是换牙的开始。

师:1岁左右开始长出的牙齿叫乳牙,一般来说,到了六七岁,乳牙开始脱落,长出恒牙。要保护好自己的恒牙,一旦恒牙受损、脱落,就再也长不出牙齿了。

生:看了自己不同年龄的照片,我真觉得有点好笑,原来自己是这样一点一点长大的。

师:刚才,大家都认真观察了自己不同年龄的照片,这一组照片就是你的成长足迹,它是非常宝贵的。我想你们应该感谢父母,这是他们送给你的珍贵礼物。

例35　做时间的主人

【案例评析】

本课例,通过"听声音、估时间"的活动,让学生说出自己对时间的感受。这种亲身的体验很自然地让学生感受到时间无时无刻不在我们的身边流逝,从而达到教育的目的。

【活动案例】

师:时间过得很快!大家也累了吧!我放两段声音同学们听听,说说你有什么感受?

(同学们闭上眼睛,靠在桌子上边休息边听声音。第1段声

音:歌曲《童年》。第 2 段声音:噪音。时间都是 2 分钟)

师:说说你的感受。

生 1:第 1 段声音很好听,第 2 段听起来有点烦。

生 2:我喜欢听第 1 段音乐,很欢快,第 2 段很吵人。

生 3:开始听的舒服,后面的不好听。

生 4:我喜欢听第 1 段,感觉时间很快。

生 5:我也一样。

生 6:第 2 段不好听,好象很长时间。

师:估计一下,这两段声音的时间一样吗?

生 1:第 1 段时间短,第 2 段时间长。

生 2:第 1 段时间快一些,第 2 段时间慢一些。

生 3:第 2 段时间好长。

师:老师告诉大家,刚才的每段声音都是 2 分钟。为什么大家有这样的感觉呢? 说一说,什么时候感觉时间过得快,什么时候慢?

生 1:快乐的时候,时间过得快。

生 2:玩的时候时间过得快,做作业的时候时间过得慢。

生 3:上课的时候时间过得慢,玩的时候时间过得快。

生 4:快到下课的时候时间过得特别慢。

生 5:暑假的时候时间过得好快,上学的时候时间过得慢。

生 6:上网的时候时间过得快!

生 7:今天上课,时间过得特别快。

师:为什么?

生:今天上课,玩得开心,时间过得快。

师:那时间有快慢吗?

生 1:没有。

生2：没有，是我们感觉到不一样。

生3：那只是我们的感觉，时间是没有快慢的。

师：是呀！时间是没有快慢的，只不过是我们的感觉不同而已！它每时每刻都会从我们身边溜走，时间可不等人呀！那我们该怎样对待时间呢？

生1：我们要珍惜时间。

生2：一寸光阴一寸金，我们要利用好时间。

生3：我们要合理安排好时间。

生4：我们要和时间赛跑，走在时间的前面。

生5：今天的事情今天做，不留到明天。

师：同学们说得可真好！老师也希望同学们在学习和生活中做到这些，珍惜时间，合理安排时间，做一个时间的小主人。

例36　认识消化器官

【案例评析】

本课例，让学生通过品尝、触摸、拼装等体验活动，由浅入深地认识人的消化器官。充分利用人的感官和人的经历，是体验教学的特点。

【活动案例】

师：课前我给每组同学准备了一盘干净的小柿子，想吃吗？

生：想。

师：不过，在吃之前，给你们提一个小小的要求：一会儿，每位同学用牙签扎一个小柿子，放进嘴里，慢慢地咀嚼，再慢慢地咽下去，根据你的感觉和经验，说说小柿子会经过我们身体的哪些地方？

（学生吃柿子）

生：柿子在食道了。

师：一下子就到食道了？能按顺序说吗？

生：口腔、食道、胃、小肠、大肠。

师：柿子这么快就到大肠了？（全班大笑）

生：现在还在胃里呢。

师：刚才大家说的这些就是我们人体的消化器官,它们在我们人体的什么部位？谁能到前面结合人体模型指给大家看？

师：食道在哪？

生：食道在气管的偏后方。

师：胃在哪？谁有这方面的经验？

生：我胃疼是这个部位。

师：胃在我们人体腹腔偏左的位置。它与谁相连呢？

生：小肠。

师：小肠在哪？大肠呢？

生：在这个位置。

师：现在同学们可以相互之间,在身上找一找这些消化器官。

（学生小组活动）

师：现在,我们对消化器官有了一个初步的了解,它们是怎样连接的呢？这里,我给大家准备了人体轮廓图和消化器官的模型,大家能不能将它们按照一定的顺序组装起来？

生：能。

师：每个小组派一名代表来领你们的材料,回去后就可以进行组装了。

师：你们组特殊待遇，给你们一幅大的，到前面组装。

师：下面我们就来请这组的同学给大家说一说，他们是如何组装的？其他同学仔细听听，并对照自己小组组装的模型，看看有没有跟他们不一样的地方。

（学生展示用模型组装的消化器官）

师：同学们组装的都是正确的。看样子，你们已经了解了人消化器官的位置了。

例37 观察小灯泡

【案例评析】

本课例，先凭借学生的经验让他们"说"小灯泡，然后凭借经验"画"小灯泡，最后让学生仔细观察后再"画"小灯泡。不断地利用学生的感官和经历，逐渐地在学生的大脑里建立起了小灯泡的结构模型，为接着的"点亮小灯泡"的教学打下基础。

【活动案例】

师：(手中拿着一个小灯泡)同学们，见过小灯泡吗？

生：见过。

师：你们在哪见过小灯泡？

生1：手电筒里。

生2：玩具里

生3：我家的抽油烟机里也有。

师：看来大家对小灯泡很熟悉。如果老师要求把你平时见过的小灯泡画出来，会不会画？

生：会。

（学生画小灯泡）

（教师把学生的作品展示出来）

师：你们笑什么？

生：他画的太可笑了。

师：你们画得怎么样？

（学生们都笑了）

师：现在你们最想做什么？

生：我真想认认真真地观察一下小灯泡。

（教师给每组发小灯泡，同学们认认真真地观察）

师：观察后，同学们再画一次小灯泡，看谁画得最好。

（学生又开始画）

（教师展示学生的作品）

师：你们对这些画，有什么意见？

生：这幅画，小灯泡的灯芯没有画出来。

师：大家观察一下，小灯泡的灯芯是怎样的？

生1：小灯泡的灯芯一直连着灯的下面。

生2：小灯泡的下面有一个小凸起，这幅图也没有画。

师：同学们观察得很仔细，事实上，小灯泡的灯芯引出两条导线，一条连着底下那个金属小凸起，一条连着旁边的金属壳。老师这里有一张小灯泡的分解图片，你们看一看。

（展示课件）

例38　声音的产生

【案例评析】

本课例，学生通过聆听老师吹的口琴乐曲，激发出探索发声秘密的兴趣;通过拆卸口琴的体验,明白声音产生的原因;通过用橡皮筋自制小乐器,领会到如何产生美妙的音乐;最后,在玩空薯片桶的游戏中,感受着探索科学的快乐。

【活动案例】

(教师出示口琴)

师:今天这节科学课,我给大家带来了一件特别熟悉的乐器——口琴,我给大家吹一段。

(学生鼓掌)

师:老师吹得怎样?

生:很好听。

师:你们有什么疑问?

生:老师,吹口琴难不难?

师:不难,但必须要有一点音乐知识。

生1:为什么小小的口琴会发出那么好听的声音?

生2:口琴里面的结构是怎样的?

师:大家提了这么多问题,有的适合在课上研究,有的要在课下才能研究,今天我们研究:口琴是怎样产生声音的。

师:大家想不想把口琴拆开看看?

生:(齐声)想!

师:好,注意拆开时小螺丝不要掉了,仔细观察口琴里面的结构。

(教师为学生准备了口琴和螺丝刀,学生迫不及待地打开看)

生:(惊叫)口琴里面是一些金属片!

师:拆开后,你们试着吹一吹,看发现了什么?

生1:我发现我吹哪个小孔,这个小孔的金属片就开始振动,就会发出声音。

生2:我发现这些金属片的长短不一,发出的声音也不一样。

师:那口琴的声音是怎么产生的呢?

生:是靠金属片的振动产生的。

师:是不是其他的物体振动也会发出声音呢? 我这里有一条橡皮筋和一个去盖的纸盒,把橡皮筋套在纸盒上,拨动橡皮筋,看看它会不会发出声音?

(学生动手)

生1:老师,橡皮筋会发出声音。

生2:我可以让橡皮筋发出不同的声音。

生3:我发现橡皮筋拉得越紧,发出的声音就越高。

生4:这与小提琴、吉它发出声音的原理是一样的。

师:大家说得都有道理,看样子你们理解了声音产生的原因了。

师:老师这里出一道难题,看谁能用空薯片桶发出不同的声音?

(学生兴高采烈地尝试着)

(五) 在游戏中成长

通过游戏的方式进行科学活动,是校园科学活动的一种形式。

例39　猜动物游戏

【案例评析】

在游戏中,不仅让学生知道了动物的分类及一些动物的特征,拓宽了学生的知识面,还让学生学会了精确地提出问题,会用科学的语言表达。通过游戏,学生也学到了从纷繁复杂的问题中去敏锐辨别的思考方法。

【活动案例】

游戏形式:教师先在脑海里想好一个常见的动物,小声告诉旁边的公证人。然后,每一组学生轮流提出一个问题,提出的问题只能让教师回答类似"对"或"不对"、"是"或"不是"等,不能回答的不作答。哪一组说出了结果,如果不正确,要罚停提问1次。如果结果是正确的,该组胜利,游戏停止。

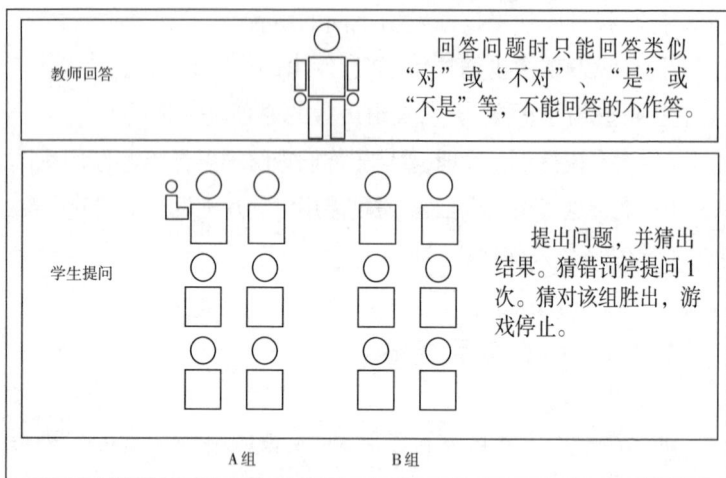

《猜动物游戏》示意图

师:老师想好了一个动物,把名字告诉了小公证人了。

师:猜动物开始,由第1组开始。

(第1组同学举手,教师叫了一位同学提问)

生：是不是哺乳动物？

师：是。

生：这个动物与我比，是大还是小？

师：小。

生：这个动物是生活在水里，还是生活在陆地上？

师：生活在陆地上。

生：它会不会吃老鼠？（全班大笑）

师：不会。

生：它与猫比，是大还是小？

师：小。（全班惊叫）

生：它是老鼠！

师：你的回答结果，确信吗？

生：确信！

师：你猜错了！该组被罚停1次提问。

生：它是不是在地面上跑的？

师：不是。（全班又惊叫）

生：它是蝙蝠！我确信！

师：回答正确。该组取得了胜利！

例40　青蛙一生的游戏

【案例评析】

　　游戏是学生们所喜欢的，在游戏中他们也可以学到东西。通过玩类似于飞行棋的"青蛙一生的游戏"，让学生在玩耍中学习，寓教于乐，其乐无穷。

【活动案例】

游戏规则:类似飞行棋游戏,每人有 4 个棋子,代表 4 只青蛙的成长。每人轮流掷色子进行游戏。完成了 4 个棋子的青蛙一生过程,获得胜利。掷的色子数与箭头数字相符才可前进。

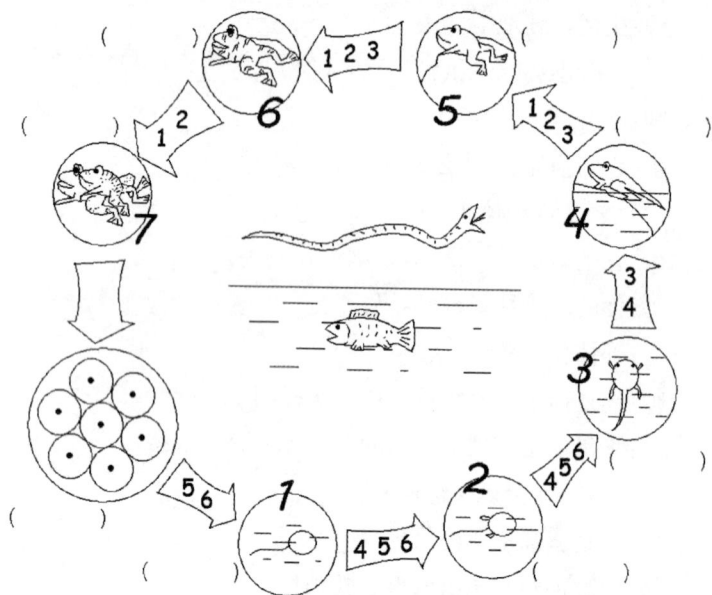

《青蛙一生的游戏》图纸

师:谁能根据图纸,说一说青蛙一生的过程是怎样的?

生:由卵变成小蝌蚪,小蝌蚪长大后,先长出后腿,再长出前肢。

师:这个时期的青蛙是在什么环境下生活的? 它是怎样呼吸的?

生:生活在水里,是用鳃来呼吸的。

师:接下来呢?

生:蝌蚪再长大后,渐渐地鳃退化了,长出了肺,就可以爬到陆地上生活。

师:它的尾巴会怎样?

生1:爬上陆地后,它的尾巴会渐渐地退化。

生2:青蛙再长大,就到了成年的青蛙了。

师:这个时候是什么季节?

生1:快进入冬季,青蛙到冬季要钻到泥土里去冬眠。

生2:第2年初春,青蛙从冬眠中醒来,这个时候,青蛙就会交配、产卵,这就是青蛙的一生。

师:在青蛙的一生中,它会受到哪些天敌的侵扰?

生1:蝌蚪时天敌主要是鱼类,变青蛙后天敌是蛇。

生2:鸭子也会吃小青蛙的。

师:现在我们利用这张图纸,像玩飞行棋一样进行游戏。游戏前,请认真观看游戏规则。

生:怎样才能把对方的棋子吃了。

师:掷色子的数字,就可以把图纸上该数字上的棋子去除。

师:好,现在可以开始游戏了。

(学生进行游戏,教师在旁边指导和解释游戏规则)

例41　想象力大比拼

【案例评析】

通过该游戏,可以激发学生的想象力,以及他们对科学知识的综合运用能力;也能让学生打破"思维惯性"思考问题,锻炼他们的发散型思维能力。

【活动案例】

游戏形式:首先,教师提出一个古怪的、可拓展的问题。例如:"你站在月球上时,你会干什么?"接着,学生每组轮流用一句话回答。最后,教师根据学生回答问题的想象力和创意,画"正"字打分,正字的笔画有3种颜色,每种颜色分别代表1分、2分、3分。经过10轮后,算出总分,评出获胜组。

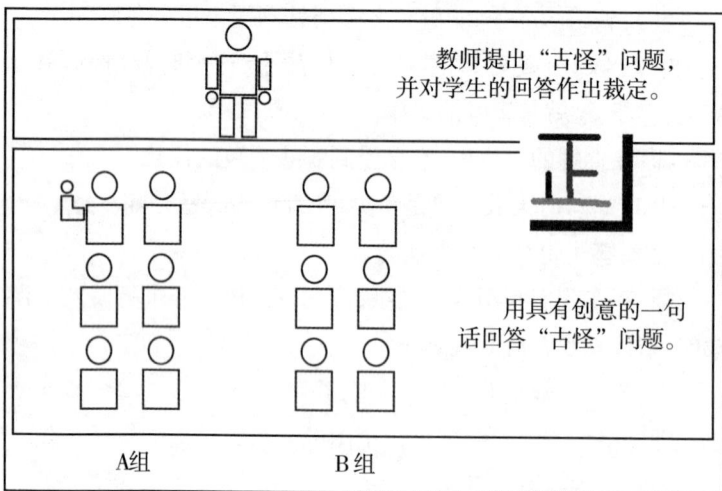

教师提出"古怪"问题,并对学生的回答作出裁定。

用具有创意的一句话回答"古怪"问题。

A组　　　　B组

《想象力大比拼》示意图

师:老师出一道题:"你站在月球上时,你会干什么?"

师:从第1组开始回答。

生:我会踩下我的第一个脚印。

师:2分。

生:我会举着一块大岩石照相。(全班笑)

师:3分。

生：我会与地球照相。

师：1 分。与前一位同学思维有联系。

生：我会到环形山的顶上跳伞。

师：3 分。（全班惊叫）

生：我会开着月球车兜风。

师：2 分。与前一位同学思维稍有联系。

生：我想上厕所。（全班大笑）

师：3 分。（全班惊叫）

……

师：10 轮完成，比赛结束，现在算总分。

师：第 2 组胜出！

例42　科学知识 PK 赛

【案例评析】

为了获得游戏的胜利，学生不仅要有丰富的科学知识，也要足智多谋。教师通过这个游戏，把枯燥的科学知识教学变得生动而有趣，学生投入了极大的热情。学生为了获胜，个个的书包里都装着一本科普书籍，希望老师能选用自己的书来提问题，有效地促进了学生主动地获取科学知识。

【活动案例】

游戏形式：分两组或多组的对抗抢答赛。哪一方答对 1 题，对方下去 1 人；答错，自己下去。每组有 3 个秘笈，分别是："保"，即答错可以保住 1 人；"帮"，即获得同组同学的帮助，希望能保住自己不下去；"送"，即把回答错的问题传给对方回答，自己要下去也求对方也下去1人。这3个秘笈用完即止。最后的组胜出。

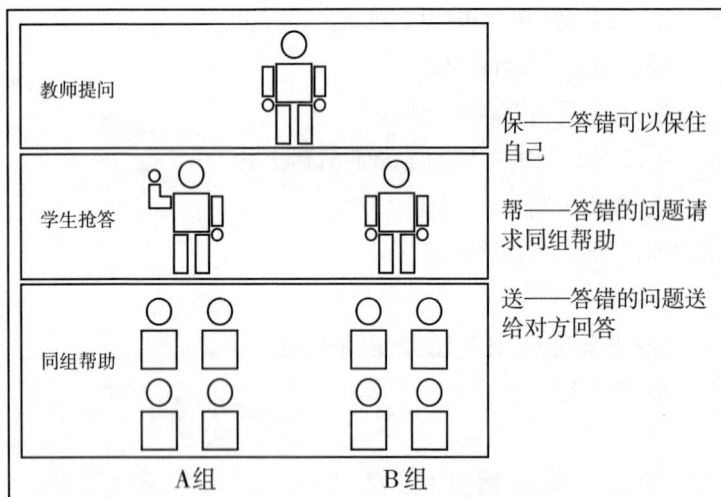

教师提问

保——答错可以保住自己

学生抢答

帮——答错的问题请求同组帮助

同组帮助

送——答错的问题送给对方回答

A组　　　　　　B组

《科学知识 PK 赛》示意图

师:现在进行《科学知识 PK 赛》。请每一个组选3位同学参加。哪一组先举手,哪一组回答。

师:第1题,说一个会飞的哺乳动物。第2组回答。

生:蝙蝠。

师:正确,请你罚其他组一个同学下去。

师:第2题,鳄鱼是什么类动物?

生:两栖类。

师:错,你可以使用3个秘笈,保、帮、送。

(学生擦去黑板上的"保"字,保住了自己不下去)

师:第2个问题的答案是爬行动物。

师:第3题,人有多少根骨头?

生:207 根。

师:错,你只能使用 2 个秘笈了,帮和送,选哪一个。

(学生擦去"帮"字)

生:我帮他回答,是 206 根。

师:正确,你的同组同学帮助了你,你可以不下去。

师:第 4 题,人消化的主要器官是什么?

生:胃。

师:错! 你可以使用 3 个秘笈:保、帮和送。

(学生擦去"送",把问题送给了第 1 组一位同学)

师:第 4 组同学把问题送给了第 1 组,请你回答。

生:小肠!

师:正确。(全班惊叫)

师:第 1 组这位同学可以不下去,但第 4 组送出问题的同学需要下去。

......

二、探究性学习与奇思妙想 >>>

（一）探究性学习

《小学科学课程标准》指出，探究既是科学学习的目标，又是科学学习的方式。但如果教师只重视探究活动，结果只能是学生学得轰轰烈烈、热热闹闹，却很少有收获。怎样提高探究活动的有效性呢？只有把探究性学习与基础知识的教学统一起来，让学生通过探究活动来建构概念、理解概念，既培养学生的能力，又重视对知识的掌握，这样才能把新课程落到实处。

例43　不同水质对农作物种子萌发及生长的影响

【案例评析】

《种子的萌发》是学生非常喜欢、很感兴趣的实验。本探究活动突出了对学生能力方面的要求，学生通过观察、实验等活动，认识了像绿豆这样的种子的结构，了解种子里最重要的部分是胚。

【活动指导】

本探究活动是小学科学教材中《种子的萌发》实验的延伸，活动重点是对照实验的设计和抽样检测的方法、分析实验结果得出正确的结论。对照实验的设计是科学研究的一种非常重要的方法，学会这种方法也为学习物理、化学打下基础。

本探究活动选用 7 种不同的水质和 6 种不同的农作物种子，观察同一种水质对不同的农作物种子萌发及生长的影响；不同的水质对同一种农作物种子萌发及生长的影响及不同浓度的洗洁精水溶液对植物种子的影响。通过探究学习，培养和训练学生的实践能力、思维能力和创新能力。

【活动案例】

1. 课题产生背景

我们学校外面菜地旁有一条水发黑的河，经常看到菜农用这些污水浇菜，等菜长大后就拿到市场去卖。这样种出来的菜，人吃了是否有害呢？如果菜农用其他水浇菜，蔬菜又会生长得怎么样呢？我们选择了《不同水质对农作物种子萌发及生长的影响》作为研究课题，通过实验研究，我们希望弄明白哪一种水质更有利于植物生长，不同植物对水质的要求是不是一样的？

2. 研究目的

(1)培养和锻炼学生实验、观察、对比、记录的科学实践能力。

(2)通过观察不同水质对植物种子生长的影响，初步认识哪种水质对植物生长有利，哪种水质对植物生长无利甚至有害。

(3)让学生建立基本的有关保护水环境的环保意识。

3. 研究方法

(1)实验探究。

(2)调查采访。

4. 研究过程

(1)实验设计。用 7 种不同的水质培养 6 种不同的农作物种子,观察同一种水质对不同的农作物种子萌发及生长的影响;不同的水质对同一种农作物种子萌发及生长的影响及不同浓度的洗洁精水溶液对农作物种子的影响。

(2)实验准备。

①7 种不同的水。自来水,蒸馏水,矿泉水,洗洁精水(浓),洗洁精水(淡),污水 A(上游),污水 B(下游)。

②种子。绿豆 50 颗,黄豆 50 颗,黑豆 50 颗,白菜种子 200 颗,上海青种子 200 颗,油麦菜种子 200 颗。

③实验器材。培养皿 42 个,大小相同的脱脂纱布、搅拌器、烧杯等。

④实验记录本。

(3)实验时间。实验时间为 7 ~ 10 天。

(4)实验要求。

①小组内每人单独进行,每天 1 次加水、观察、记录。

②每天将个人的记录进行汇总统计,发现问题及时研讨解决。

③严格操作程序,尽量减少其他干扰因素影响实验效果。

(5)实验方法。

①分别在 42 个培养皿中铺上脱脂纱布。贴上标签,注明不同的水质。

②讨论如何根据实验设计表格,进行实验记录。

③每人各取两种农作物种子,把同类的品种取相同数量的种子分别放到42个培养皿中。

④将7种水质分别倒入相应的培养皿中,并置于相同的环境中。

⑤利用每天中午放学后的时间进行浇水、观察、测量、记录。

⑥记录种子发芽、生长的过程,包括出芽颗数等,汇总实验数据,交流并讨论结果。

⑦小组研讨,得出结论,写出小组活动报告。

(6)实验猜想。通过采访菜农,我们知道大多数人都认为用污水浇菜是不行的,会影响人体健康,觉得用干净的溪水、山泉水等来浇菜比较好。农民也对我们在采访时提到的用污水浇菜的话题很敏感。于是我们产生了这样的猜想:在实验采用的7种水中,自来水、蒸馏水、矿泉水应该会比较好,而洗洁精水和污水会不好。

(7)实验记录。

实验记录表

实验开始时间:2006年11月3日下午5:00　　温度:19 ℃

农作物种子	天数/天	矿泉水	污水A(上游)	污水B(下游)	蒸馏水	洗洁精水(浓)	洗洁精水(淡)	自来水
白菜种子(200颗)出芽数/颗	1	2	3	0	1	0	1	0
	2	142	165	155	181	161	191	190
	3	161	177	163	192	168	193	190
	4	15	195	164	193	170	194	193
	5	190	197	175	198	180	194	194
	6	190	197	177	198	186	195	194
	7	190	197	180	198	186	195	194

续表

农作物种子	天数/天	矿泉水	污水 A（上游）	污水 B（下游）	蒸馏水	洗洁精水（浓）	洗洁精水（淡）	自来水
上海青种子（200 颗）出芽数/颗	1	8	4	9	4	0	6	2
	2	180	153	147	32	181	183	183
	3	186	165	168	34	183	187	196
	4	194	168	182	39	183	187	197
	5	197	189	185	164	192	196	197
	6	198	192	189	178	196	196	200
	7	198	192	190	179	199	198	200
油麦菜种子（200 颗）出芽数/颗	1	0	0	0	0	0	1	0
	2	195	192	196	193	184	189	193
	3	197	193	197	197	196	196	195
	4	197	198	197	199	196	198	197
	5	198	198	197	199	196	198	197
	6	200	198	199	199	196	198	198
	7	200	198	199	200	198	198	200
绿豆种子（50 颗）出芽数/颗	1	7	13	9	9	12	0	2
	2	38	16	30	27	49	1	48
	3	41	24	32	37	49	2	48
	4	42	32	37	38	50	13	48
	5	45	32	38	45	50	29	50
	6	46	41	42	45	50	36	50
	7	46	42	45	47	50	36	50
黄豆种子（50 颗）出芽数/颗	1	0	0	0	0	0	0	0
	2	5	4	2	4	13	10	1
	3	9	10	4	14	25	147	2
	4	16	14	16	30	41	22	3
	5	28	16	19	44	41	32	6
	6	40	26	38	47	41	41	15
	7	50	26	49	50	49	50	22

续表

农作物种子	天数/天	矿泉水	污水 A (上游)	污水 B (下游)	蒸馏水	洗洁精水 (浓)	洗洁精水 (淡)	自来水
黑豆种子(50颗)出芽数/颗	1	0	0	0	0	0	0	0
	2	0	2	2	1	6	1	3
	3	1	4	4	1	12	6	12
	4	2	4	5	6	14	6	15
	5	2	5	6	11	14	7	22
	6	3	5	9	19	32	7	22
	7	6	8	11	23	34	16	37

发现一:同一种水质中不同的农作物种子萌发及生长情况可是不一样的。让我们按长势从好到坏排排队(见下表。A = 油麦菜,B = 上海青,C = 白菜,D = 黑豆,E = 黄豆,F = 绿豆)。

	豆　　类	菜　　类
自来水	F > E > D	A > B > C
洗洁精水(浓)	F > E > D	无法比较(最后枯死了)
洗洁精水(淡)	E > D > F	B > C > A >
蒸馏水	F > D > E	A > C > B
污水 B(下游)	F > E > D	A > B > C
污水 A(上游)	F > D > E	C > A > B
矿泉水	F > E > D	A > B > C

从上表数据可以看出,对豆类来说,绿豆普遍长得比较好,对水质的要求较黄豆、黑豆要低。而蔬菜类则是油麦菜对水质要求较低,也就是人们常说的"粗生粗长"了。

发现二:同一种农作物种子在不同的水质中其萌发及生长情况

也是不一样的。我们按1~7对其长势从好到坏排序(见下表)。

	自来水	洗洁精水(浓)	洗洁精水(淡)	蒸馏水	污水B(下游)	污水A(上游)	矿泉水
油麦菜	2	7	6	3	4	5	1
上海青	3	7	5	4	2	6	1
白菜	3	7	6	2	4	1	5
黑豆	2	7	6	1	3	5	4
黄豆	1	7	6	2	4	5	3
绿豆	1	5	7	2	4	6	3

从上面的统计数据可以看出:不同的植物对水质的要求不一样,但是总的来说自来水、蒸馏水、矿泉水仍然是植物偏爱的水质,只有白菜和上海青比较偏爱污水。我们觉得植物是爱喝清洁水的!

发现三:在实验中我们准备了不同浓度的洗洁精水溶液对植物进行测试(见下表)。

不同浓度洗洁精水溶液对农作物种子萌发影响比较

洗洁精水溶液浓度	种类	种皮颜色				发芽数量/颗			
		1天	3天	5天	7天	1天	3天	5天	7天
5毫升/500毫升(一号)	绿豆	绿	绿	浅绿	黄绿	0	2	29	36
	黄豆	黄	黄绿	绿黄	褐	0	14	32	45
	黑豆	黑	黑	黑	黑	0	6	7	16
10毫升/500毫升(二号)	绿豆	绿	黄绿	黄褐	红褐	12	49	50	50
	黄豆	黄	黄绿	绿灰	深褐	0	25	41	49
	黑豆	黑	黑	黑	黑	0	12	14	34

分析上表可知,种子大致能发芽,种皮相比之下,黑豆没多大变化,绿豆则由绿色变成淡绿,然后变成黄绿,最后变成黄褐色。黄豆由黄色变成绿灰色。特别是洗洁精含量多的水质中变化就越大,和黑豆相比,黄豆还腐烂发臭,而那些蔬菜种子很多最后甚至有枯死现象。所以洗洁精对植物生长是有害的,而且浓度越高危害越大。

发现四:对实验中使用的 7 种水质进行 pH 值测试,发现 7 种水质的 pH 值差距不大,都是偏酸性(见下表)。两种污水的 pH 值一样,而且和其他水质的 pH 值差不多,这也许是因为我们是早上去采的水,水经过一个晚上的净化,干净一点了。

名称	矿泉水	蒸馏水	自来水	污水 A	污水 B	洗洁精水(浓)	洗洁精水(淡)
pH 值	7	5	6	7	7	7	6

5. 实验结论

通过实验我们发现不同水质对农作物种子萌发及生长有一定的影响。干净的水源对农作物种子的萌发和生长都大有好处,这可以从它的发芽率和生长势头看出(豆类都长芽,而且长势不错,蔬菜类就更明显,长得都郁郁葱葱的)。而洗洁精水溶液这种污水是危害是大的,表现在种子萌发速度减慢,发芽率减少,苗会坏死或枯死,证明洗洁精对植物生长有阻碍作用。

6. 收获与体会

能够深入地对自己喜欢的课题进行研究,我们真的很高兴。在这次活动中,我们经历了设计、摄影、采访、调查、观察、记录、数据整理等阶段,虽然很辛苦,但也让我们懂得了许多关于不同水质对植物种子萌发影响的知识,也让我们明白在生活中我们要更好地保护水资源,在尽可能的情况下,减少使用洗洁精类的洗涤剂。

例44　凤仙花的一生

【案例评析】

凤仙花适应性较强,生长迅速,也耐瘠薄,一般很少发生病虫害,是一种能让学生方便进行观察研究的植物。本探究活动以凤仙花为例,让学生对植物的一生展开学习观察研究。

【活动指导】

本探究活动分3个活动进行,历时3个月左右。

活动一:观察种子。能说明凤仙花种子的形状、颜色、大小,了解种子内部结构,推测种子种到土里以后会怎样长。

活动二:播种。先讨论明确播种、种子萌发实验的方法,再动手播种、做实验。

活动三:种子长出芽以后的观察与记录(课外完成,课上交流)。

引导学生写小论文,它的表现形式是多种多样的:可以是细致观察和深入思考后得出的结论;可以是实验后分析得出的结论;也可以是考察后的总结;还可以靠逻辑推理得出结论等。

【活动案例】

1. 活动目地

本活动引导学生在较长时间内对凤仙花进行养护、观察、记录,了解凤仙花的主要器官和生长变化。培养学生的合作精神,及珍爱生命、认真观察、坚持观察记录的科学态度。

2. 凤仙花成长过程研究

活动一:观察种子。

(1)观察与描述凤仙花种子的外形特征。

(2)观察与描述其他种子的外形特征。

(3)猜测为什么外形不同的种子都会发芽,并形成新的植物?

(4)教师或学生演示解剖方法。

(5)学生观察凤仙花、黄豆、小麦、玉米等4种种子(或其他种子)的内部结构。

(6)讨论和交流4种种子在结构上的共同点,说说凤仙花种子和哪些种子相似。

活动二:播种。

(1)讨论和交流"如何播种"(见下表)。

播种地点	播种方法	播种深度	种子方向	浇水方式 ……
花盆中	戳个洞	1厘米	芽朝上	每天1勺水
沙中	撒在表面	表面	任何方向	保持湿润

(2)自主选择一种方法进行播种,并作好标记。

(3)对两种不同播种方法的种子发芽情况进行课外观察。

(4)预测种子在 1 周内的变化。

(5)在科学文件夹上记录播种的日期。

活动三:种子长出芽以后的观察与记录。

(1)凤仙花的生长过程文字记录。

(2)凤仙花的生长过程图片记录。

3.交流与讨论

(1)4 种种子在泥土里发生变化的实际情况同推测一致吗？4 种种子的芽有什么相同与不同？

(2)凤仙花苗多数是在哪一天出土的,记录了吗？初出土的芽是什么颜色的？

(3)第 1 对叶是什么样的？同以后长出的叶有什么不同？你看到第 1 对叶是由什么变成的？

(4)说说以后长出的叶的形状和颜色是什么样的？茎的颜色和粗细有什么变化？测量凤仙花苗的高度,观察凤仙花叶的数量、叶的长法以及茎的特点。

(5)前 3 周测量了苗的高度吗？小组同学互相查看记录情况。

(6)说说在观察记录过程中,发现的其他新现象、新问题。

(7)教师引导学生就观察记录活动中发现的某一个问题进行尝试性解释。

(8)教师作激励性评价,促进学生耐心、细致地从事后续的观察活动

4.指导撰写研究小论文

写一篇研究小论文,内容可包括研究的目的、研究的内容、研究的方法、研究的过程与记录、活动的收获等。

例 45 怎样加快溶解

【案例评析】

本课例设计紧紧围绕自主探究,让每个学生亲身经历控制单一变量进行对比实验的活动过程,体验到科学探究的乐趣。

本课例导入有趣,开始就吸引学生注意力。还注重对学生探究能力的培养,让学生自己思考该用到什么材料、这些材料有什么用,引导学生自主设计实验、思考实验注意事项等等。

【活动指导】

本案例体现科学教学"以学生为主体,以探究为中心"的教学理念。教学设计了 3 个探究活动,强调学生的自主学习与教师的指导有机结合。对比实验对于小学四年级的学生来说,有一定的难度。因此,教学时可把搅拌加快溶解作为重点,通过师生的共同交流设计出实验方案,对学生的探究活动进行细致的指导,为后续的探究活动奠定基础。同时,利用课件向学生展示对比实验的相同条件和不同条件,使学生在老师的有效指导下顺利完成探究活动。

教学中关注学生学习科学的态度和方法。通过创设情境,引发学生的思考,激发学生探究的欲望。在探究活动中引导学生学会对比实验的方法,养成认真细致的观察态度,学会小组合作学习,学会倾听别人的意见,促使学生共同发展。

【活动案例】

1. 教学目标

（1）科学探究。经历科学探究活动,能对问题结果进行推测,并且会用对比实验通过比较验证结论。

（2）情感态度与价值观。注意事实,敢于提出不同见解,乐于合作与交流,保持并发展乐于探究的欲望。

（3）科学知识。通过实验来证明怎样才能加快物质在水中的溶解速度。

2. 材料准备

材料:味精,方糖,木棍,玻璃杯,热水和冷水等。

3. 教学过程

（1）创设情景,引入探究。

（动手把方糖放入一个事先准备好的杯中。请学生品尝味道。学生发现糖还没有完全溶解）

提问:你们有什么办法让方糖尽快溶解吗?（学生思考讨论）

师:这么多方法,究竟这些方法能否加快溶解呢? 这节课我们就一起来进行探究。

（2）设计方案,实验探究。

引入:请各小组讨论怎样来设计实验方案。（学生分组讨论实验材料、实验方法）

实验材料:两个杯子,水,糖,木棍。

实验方法:对比实验,水的多少和温度要一样,放的糖要一样多。

师:这些是我们要注意的什么条件?

生:相同条件。

师:那在这个试验中不同条件又有哪些呢?

生:就是一杯搅拌一杯不搅拌。

(把同学们所说的相同条件和不同条件在屏幕上展示出来)

(学生分组实验,教师巡回指导)

师:请大家汇报刚才的实验中你发现了什么? 得到了什么结论?

(3)深化探究,拓展运用。

①比赛溶解方糖。2 分钟的时间,学生分组讨论;各小组进行比赛。

②看谁最先把糖吃完。发糖,同时吃糖,并让先吃完的同学介绍经验。

(4)总结归纳。

学生总结:加快溶解的方法。

生活实例:洗衣粉在洗衣机里的溶解、牛奶在水中的溶解等等。

课后思考:在我们日常生活中还有哪些加快溶解的方法?

例46 测量摆的快慢

【案例评析】

本课例是一例通过探究的方式,让学生发现科学规律的好案例。整个课例包含了"学生好奇——提出问题——探究问题(提出方案)——解决问题"这样一个完整的科学探究过程。

课例紧紧围绕"摆摆动的快慢与什么因素有关"这一问题,

引导学生亲历发现问题、进行假设、制订计划、实验验证、收集数据、表达与交流、总结归纳等探究活动的全过程,让学生在实实在在的探究活动中获得科学知识,提升研究问题的能力,培养学生科学的情感态度与价值观。

【活动指导】

在课堂上以小组合作的形式,运用对比实验,开展一个个充分而深入的科学探究活动,使探究式教学走出形式化和程式化的误区,发挥探究活动在科学教学中的最大价值。

(1)教师在整个探究过程中不是一个讲授者,而更像是一个主持人,在用引导性的语言指引着整个探究过程的进行。

(2)教师的语言富有鼓励性,使学生受到鼓舞而更有动力去探究。

(3)最终的探究结果让学生以图示的方式呈现,更直观,学生的印象更深刻。

【活动案例】

1.教学目标

(1)经历改变摆锤重量、摆幅、摆长对摆动次数是否产生影响的实验活动过程。

(2)初步意识到得到精确的测量结果是需要反复测量的。

(3)能够对自己实验的结果进行分析,并根据自己的分析进行预测。

(4)通过自己的实验,初步了解影响摆摆动快慢的因素是摆长。

2.教学重点与难点

(1)教学重点。让学生经历改变摆锤重量、摆幅、摆长对摆动次数是否产生影响的实验活动过程。

(2)教学难点。对自己的实验结果进行分析,并根据自己的分析进行预测,了解影响摆摆动快慢的原因。

3.教学准备

不同长度的摆线、钩码、记录纸、铁架台、秒表。

4.教学过程

(1)创设情境,直奔主题。

① 利用铁架台、线绳、钩码组装"摆",让学生用手模仿一下它的运动方式,并给这种运动方式取个名称。(摆动)

②提问:日常生活中,在哪儿见到过摆动?

③在科学课堂上,我们把这种装置叫做摆,把挂在下面的重物叫做摆锤,把细线叫做摆线,把摆动时的幅度叫做摆幅。(画出摆的装置图,并标出摆锤、摆线、摆幅)

④摆动的时间。摆动 10 下,需要多少时间呢?(先猜测,再用手表、秒表等来进行准确计时)

⑤界定摆动 1 次。从铁架台一侧摆过去再摆回来算摆动 1 次。(在装置图上表示来回 1 次)

⑥学生分工操作,测得摆动 10 次需要 12 秒。

⑦学生分工合作,组装并测时。(材料:长短不同的两条细线、3 个钩码)

⑧教师将各组实验数据填写在记录纸中,并在展物台上展示。

(2)分析数据,合理推测。

①组织学生思考分析实验数据:为什么各组的摆,摆动 10

次所需的时间各不相同呢？

②学生分组讨论,大胆推测。可能因素:摆线的长短、摆锤的轻重、摆幅的大小、人为因素（看时的误差、计数的方法）造成的。

③引导学生注意克服人为因素。

④各组学生商量并确定打算研究的某一方面的因素。

（3）预测困难,思考对策。

师:确定了要研究的因素,但还不能急着动手,最好先定个计划,思考一下操作步骤、可能遇到的困难和解决的方法。如要研究摆的快慢是否和摆锤的轻重有关,操作时该使哪几个因素不变,哪个因素发生改变？ 研究摆的快慢是否和摆幅的大小有关、和摆线的长短有关,又该如何操作呢？

（学生组内思考、讨论,填写下表）

	摆线的长短	摆锤的轻重	摆幅的大小	人为因素
研究摆线	√	×	×	尽量避免
研究摆锤	×	√	×	
研究摆幅	×	×	√	

注:认为不能改变的因素画"×",认为可变的因素画"√"。

（4）分工合作,实验验证。

①验证摆摆动 10 次所需的时间和摆线之间的关系。学生认为之前的推测是正确的:摆摆动的次数和摆线的长短有关,摆线越长,摆动得越慢;摆线越短,摆动得越快。

②验证摆摆动 10 次所需的时间和摆锤之间的关系。学生认为之前的推测是正确的:摆摆动的次数和摆锤的重量有关,摆锤越轻,摆动得越快;摆锤越重,摆动得越慢。

③验证摆摆动的快慢和摆幅之间的关系。学生认为,之前的推测也是正确的,就是:摆摆动的次数和摆幅的大小有关,摆幅越大,摆动得越慢;摆幅越小,摆动得越快。

(5)拓展延伸,留以疑问。

师:本课,我们对摆摆动快慢的因素进行了探究,大家也进一步掌握了对比实验的操作要领和步骤,受益匪浅。摆摆动的快慢真的和摆线的长短、摆锤的轻重、摆幅的大小有关吗?同学们的推测和实验真的准确无误吗?下节课,我们将做更深层次的探究。

5.教学反思

本课例中,让孩子自己测量摆的快慢与哪些因素有关时,我期待他们回答的是"摆的快慢与摆的长短有关、与其他因素无关",出人意料的是孩子们测量出了五花八门的实验数据。对孩子们的这些观点我们应该怎样处理呢?我们知道:孩子原本是尊重事实的,他们在自由的探究中得出的结论,一定是源于对事物的真实认识。教师首先应该尊重和接纳他们的认识,再帮助他们寻找出形成这种认识的来源。在孩子们充分发言以后,我没有给出原先准备好的完整的结论,而是在下一节课继续研究这个内容。

我想,为了保护孩子的自尊心和积极性,老师不对孩子的方案作出是非评判,而时尊重事实,在集体交流研讨的过程中,让学生自我否定错误的、复杂的方案,自愿肯定和接受正确的、简便的方案。在学生实施方案的过程中,老师也给予孩子们最大限度的自主权。

我认为,学生出人意料之外的"发现"是科学探究活动中的一个重要组成部分,是种极其宝贵的课程资源,它是显现和发展,对激发学生对科学的兴趣,保持和发展探究的欲望,获得自信心、成功感,培养认真细致及实事求是的科学态度有着积极的作用。对同一个问题,不同的人完全可能得出不同的结论,这是科学课程开放性的重要组成部分。

例47 滑轮

【案例评析】

本案例教师善于设置问题,通过质疑体验达到以疑激趣、以趣激思的效果,同时促进学生思维的发展。

【活动指导】

本案例首先做一个模拟升旗的装置,请一名学生当旗手,拉动线绳,大家一起观察,体验升旗的过程,提问旗杆顶部的轮子是怎么运动的? 旗是怎样升到旗杆顶部的? 接着又做将水泥提升5层楼的模拟实验,再提问这两种装置有什么不同? 提升的过程有什么不同? 学生对这些问题产生了浓厚的兴趣,不仅开动脑筋思索起来,而且把自己不同的看法说出来。大家一起交流,再通过小组实验操作,很快就得出结论。

(1)定滑轮的研究和动滑轮的研究是有层次性的,定滑轮的研究以教师引入为主,动滑轮的研究强调学生自学探究,要让学生自主制订一个研究计划。

(2)对"如果说滑轮也是一种杠杆,能找到它的3个点的位置吗?"的问题,建议学生用图示法来解释。

【活动案例】

1. 教学目标

(1)科学概念。知道定滑轮、动滑轮的特点；了解定滑轮和动滑轮的作用不同。

(2)过程与方法。通过自行设计实验方案来研究定滑轮是否省力、动滑轮的作用与定滑轮不同。

(3)情感、态度、价值观。发展探究简单机械的兴趣；激发学生爱科学、学科学、用科学的兴趣；体验成功的喜悦。

2. 教学重点难点

(1)教学重点。认识定滑轮和动滑轮的不同作用。

(2)教学难点。通过实验来验证定滑轮不省力、动滑轮省力。

3. 教学准备

(1)教师准备。铁架台、滑轮、钩码、50厘米长的细线、小国旗、5牛测力计、多媒体课件、多媒体视频资料。

(2)学生准备。滑轮支架(铁架台)、滑轮、钩码、30厘米长的细线、5牛测力计。

4. 教学过程

(1)导入。提问：升旗时，为什么轻轻一拉绳子，旗帜就能升得那么高？(学生讨论各种可能情况)

大多数同学会想到可能与旗杆顶部的轮子有关，可模拟一个升旗的装置导入"动滑轮和定滑轮"。

(2)学生分小组操作并观察组装的升旗装置。

发现：当向下拉动绳子的时候，旗杆顶部的轮子是固定不动的。

解释:我们把这种像旗杆顶部的轮子一样,固定在支架上不随重物移动的轮子叫做定滑轮。利用定滑轮,可以改变动力的方向。

(3)实验:研究定滑轮是不是有省力的作用?(学生分小组实验,教师巡视指导)

(学生上台展示)发现在滑轮两边的绳子上任意挂上两组等重的钩码,它们平衡了。所以定滑轮是不省力的。

完整介绍定滑轮的特点:利用定滑轮不能省力,但是可以改变力的方向。

(4)观看录像——动滑轮。在搬运货物时,可以随着重物一起移动的滑轮,我们把它叫动滑轮。

(5)引导学生研究动滑轮。(学生分小组讨论,制订一个可行的研究计划)

(6)小组交流,改进研究计划。

(评析:通过小组交流,让大家了解各自的研究计划,培养学生的表达能力。如果能让学生对别的组的计划提出自己的建议就更好了,更能达到交流的目的。)

(7)总结。使用动滑轮大约省一半的力,但并不能改变动力的方向。

(8)引导学生思考用杠杆原理解释滑轮(图示法)。

(9)课后思考。要求学生下课后继续观察一下还有哪些地方应用了定滑轮和动滑轮,给我们的生活带来了哪些方便?

例48　降落伞

【案例评析】

本案例让学生利用现有材料,设计制作一个简易降落伞,并能对影响降落伞下降快慢的主要因素进行深入探究,引导学生综合运用有关力和运动的知识来解决实际问题,激发学生创造性学习的兴趣,培养学生动手动脑能力,增进参与意识和交流意识。

【活动指导】

(1)本案例从提出猜想、自己设计方案到制作放飞、验证结论,再到解释结论,整个探究过程完全是由学生自己进行,学生目标明确,分工合作。教师只是在其中适时指导、点拨,或者对学生的解释和结论给出一个科学的概括。

(2)教师去掉了教材中动手制作降落伞的环节,取而代之的是将老师制作好的各式各样的降落伞发给学生进行观察研究,这样一来,在后面的猜想环节中,学生的思维空间会更开阔。

(3)深度挖掘教材,指导学生对影响降落伞下降速度的因素作进一步的挖掘和拓展,启发学生运用已有的力的知识和经验对结论进行合理的解释。

【活动案例】

1. 教学目标

(1)过程与方法。能够设计实验探究影响降落伞下降快慢的因素。

(2)科学知识。知道是空气阻力和重力的大小影响降落伞下降的速度。

(3)情感态度与价值观。

①认识到科技发展对人类社会的促进作用。

②具有合作与参与的意识、主动交流与分享的品质。

③培养对科学问题进行反复尝试与探索的精神。

2.教学重点与难点

(1)教学重点。猜想影响降落伞下降快慢的因素,并能设计实验方案进行验证。

(2)教学难点。运用已有的力的知识解释生活中的相关现象。

3.教学准备

教学用具:材料相同大小不同的伞面、相同长度的绳子、重量不同的夹子。

4.教学过程

(1)谈话导入。观看跳伞运动员的精彩表演,发现降落伞下降速度先快后慢。

(2)提出猜想。观察自己制作的降落伞,然后模拟降落伞从高空降落的样子:站在桌子上面的同学两手捏住降落伞的两边,保持在同一高度,当听到下面的同学喊"一、二、放"时,同时放手。下面的同学要仔细观察降落伞的下降过程。

提问:是什么影响了降落伞下降的快慢?

(教师板书学生的回答:伞面大小、悬挂物的轻重……)

(3)设计实验,猜想验证。因为课堂上所带材料的限制,先研究伞面大小和悬挂物的轻重这两个问题,剩下的课后接着研究。

生1:做一顶伞,只改变悬挂物的大小,用时间来测量……

(教师强调:要从同一高度放飞)

生2:做两顶伞,同样大小的材料,同样的绳长,不同重量的悬吊物,看降落的速度。

教师提出几点建议:

①组长合理分工,组员合作,迅速完成实验。

②实验过程中要认真观察,记录员及时记录,实验完成后共同得出结论。

③上下桌子一定要注意安全。

(4)总结深化。

实验得出:伞面大小和悬挂物的轻重都会影响降落伞下降的快慢。

师:在同一条件下,伞面越大,下降速度越慢。这是为什么?同样,在相同的条件下,悬挂物越重,下降速度就越快,这又是为什么呢?

生1:伞面越大,在空气中张开的面积就大,受到的空气阻力就越大,所以下降就慢。

生2:悬挂物越重,受到的向下拉的力就越大。

(教师根据学生的回答定义出空气阻力和重力,并用箭头表示出方向)

师:谁能用我们说到的力试着来解释下降过程中快慢变化的原因呢?

生1:开始快是因为主要受到向下拉的力的作用,空气阻力很小,所以很快。后来慢了是因为降落伞打开以后,空气阻力变大了,所以就慢了。

生2:伞面大小定了以后,悬挂物越重,往下拽的力就越大,所以就降得快了。

例49　动物的卵

【案例评析】

通过观察动物的卵(着重对鸡蛋进行观察)及了解卵的孵化过程,让学生感受生命世界的奇妙。

【活动指导】

本活动着重让学生观察生活中最常见的一种卵——鸡蛋,让学生掌握观察卵的方法,了解鸡蛋的外部形态和内部结构特点,并能表述观察到的内容。在观察鸡蛋过程中,指导学生由外(细看颜色、形状→画鸡蛋→用手捏→……)到内(敲开的生鸡蛋和熟鸡蛋的比较),观察不同发育阶段的鸡蛋,认识鸡蛋各部分的作用。

引导选择一个课堂上还没解决的关于鸡蛋的问题进行研究,可以是教师在课堂上提示要查找资料的问题,也可以是学生自己想出来的问题。以学生的好奇心和自主探究为中心来设计,学生挺乐意接受这个探究任务。

【活动案例】

1.教学目标

(1)经历探究鸡蛋的过程。在观察基础上能对研究问题进行推测,并通过进一步的观察和查阅资料寻找证据。

(2)认识鸟卵(以鸡蛋为例)的特点,认识动物、植物在繁殖上的相似性。

(3)乐于探究动物繁殖的奥秘,感受自然界生命的生生不息。

2.教学重点与难点

(1)教学重点。认识鸟卵(以鸡蛋为例)的特点。

(2)教学难点。学生自主探究和推测能力的培养。

3.教学准备

(1)学生准备。每组至少准备1只熟鸡蛋。

(2)教师准备。给每组学生准备1只生鸡蛋、小碟子、镊子、尖锥钳、干净小刀、干净牙签、放大镜、干净水果刀、干净纸巾;教师演示用的生鸡蛋、熟鸡蛋等材料、工具,鸡蛋结构挂图。

4.教学过程

(1)问题的提出。只研究卵的外部不够全面。以鸡蛋为例,全面又深入地研究卵的外部和内部。

(2)观察鸡蛋外部。首先明确研究任务。

师:拿出准备的熟鸡蛋,如何观察它的外部或是内部? 旋转鸡蛋可以判断一个鸡蛋是生还是熟。

①蛋壳的颜色。有的是白色,有的是红褐色,有的是浅土黄色,有的是深土黄色。

②蛋壳的形状。为一头大,一头小的椭圆形。

把鸡蛋轻轻握在手里,然后用力握,看能不能轻易地把鸡蛋握烂,然后说说感受。注意,不要用手指、指甲刺穿蛋壳,更不要碰烂蛋壳。(握鸡蛋体验)

生:我知道鸡蛋这样的结构叫薄壳结构,它能够把我们的手压下去的力分散到蛋壳的各个部位,减少受力面的压力,所以薄壳结构的东西很坚固。

③蛋壳上的小孔。小孔被封住了就是为了保持鸡蛋里的无菌状态。这些小孔只允许小量的空气进入。所以,一般保存鸡蛋是不能用水洗的,因为水会把小孔上面的保护膜洗掉,氧气就

会进入到鸡蛋里,加快细菌侵入鸡蛋的速度,使得鸡蛋变质。以后,当妈妈买回来的鸡蛋有点脏了,如果鸡蛋不是马上煮的话,你不能用水洗干净鸡蛋。

④生熟鸡蛋的区分。

生1:我们用同样的力,使这两个鸡蛋在桌子上转动,结果发现,其中一个鸡蛋要比另一个鸡蛋旋转得快些。旋转快的是熟鸡蛋,旋转慢的是生鸡蛋。

生2:也可以把正在旋转的鸡蛋按住,立刻停止转动的是熟鸡蛋,继续旋转的是生鸡蛋。这又是为什么呢?

师:请同学们回去查找资料,搞个明白,好吗?

(3)观察鸡蛋内部

①认识薄膜层和气室

a. 找到薄膜层。蛋壳连着一层很薄的皮。

b. 发现气室。在蛋壳的大头和小头分别敲开一个洞,看薄膜层是否都是紧紧依附在蛋壳的内壁。

c. 小组活动。解剖熟鸡蛋、观察气室。

师:我们怎样才能清楚观察气室呢?

竖切或者把全部蛋壳慢慢剥掉都可以解剖熟鸡蛋。

d. 小结薄膜层和气室的作用。薄膜层也对鸡蛋有一定的保护作用,除此以外,它是那样的薄,可以透过空气,能够让从蛋壳的小孔进来的空气进入鸡蛋里边。气室里面能储存较多的空气,满足正在发育的小鸡娃娃的需要。

②认识蛋黄、蛋白、胚。

a. 解剖生鸡蛋、熟鸡蛋。

b. 学生小组活动:观察鸡蛋内部。

c. 小组汇报观察收获,教师点拨。

（a）内部有什么？学生观察后：蛋黄、蛋白和胚。

（b）漫谈蛋黄、蛋白。

生1：蛋黄和蛋白有营养。

生2：蛋白可能是充当营养液一样的东西。

生3：蛋白是黏稠状的，蛋黄呈圆形。蛋黄外层有一薄膜，不易穿破，除非用力戳才行。

生4：蛋黄外面的薄膜可以起到减震的作用。

（c）认识胚。

生：蛋黄里边有一个小白点，那是胚。我想鸡蛋的胚跟植物种子的胚作用相似，它是小鸡BB进行发育的部位，那里会变成小鸡。

（d）推测蛋黄、蛋白、胚三者的关系。鸡蛋的胚是小鸡胚胎进行发育的部位，那里将来就变成小鸡。蛋黄和蛋白的营养供给没出生的小鸡。

③品尝熟鸡蛋。

（4）总结鸡蛋结构。提问：鸡蛋的这几个部分相当于种子的哪个部分？它们在胚胎发育过程中起什么作用？

（5）了解孵蛋过程。观察不同发育阶段的鸡蛋，了解鸡蛋孵化过程中发生的变化，进一步认识鸡蛋各部分的作用。

（6）课后探究。选择一个课堂上还没解决的关于鸡蛋的问题进行研究（可以是教师在课堂上提示要查找资料的问题，也可以是你自己想出来的问题）。

例50　这6分钟值不值

【案例评析】

本案例旨在说明由于学生实验中偶然的出错，教师花费时间让学生自己寻找原因修正错误,是最能体现教学的意义与价值的。

【活动指导】

本案例反映的是注重让学生完整经历探究哪些食物中含有淀粉的过程。首先让学生猜想哪些食物中有淀粉,紧接着教师的一句话"哦,意见不一致。那,你们打算怎样证明自己的想法?"就把学生带入了设计实验的环节。在汇报结果的过程中,有学生发现梨也含有淀粉,因为它变成了紫黑色,紧接着引起一片争论。老师说:"可能是什么地方出错呢?"引起学生的思考与讨论。学生想出了办法:"我想问问他们是怎么做的?可以让他们再做一次。"在后面再次实验的过程中,学生发现了问题出在了哪里。通过这个过程,引发了学生对"自探"的反思,促进了学生对"自探自悟"经历的及时总结,增强了学生之间相互学习的意识,将学生引入更深层次的探究。

作为教师要善于创设交流时机,营造和谐氛围,鼓励不同意见的发表,让矛盾充分暴露,并适时点拨,激发学生进一步探究的愿望,丰富和深化学生的思考,推动学生持续、深入的探究。

【活动案例】

1. 教学片段

引入:我们在吃的米饭中找到了淀粉的踪迹,那其他食物中是否含有淀粉呢?先让我们来预测一下:粉干、面包、梨含有淀粉,马铃薯、胡萝卜不含淀粉。

冲突:梨不含淀粉。

冲突再现:用滴管把碘酒滴在食物上去。如果变成了紫黑色,那这种食物就含有淀粉。如果没有变色,就不含淀粉。

学生实验后交流:发现面包、粉干、马铃薯都含有淀粉。梨、胡萝卜不含淀粉。

师:有不同的意见吗?

[教师非常关注学生的真实探究,因此学生敢于说出自己的不同的发现。这样有利于培养学生实事求是的科学态度]

冲突所在:发现梨也含有淀粉,因为它变成了紫黑色。

[教师遇到"意外"时,没有措手不及,说明她在课前已充分估计到可能出现的有关情况,故而能随机应变,因势利导]

教师引导:可能是什么地方出错呢?

[教师不妄加断言,反而对学生实验的反常现象表示出探索的兴趣,这样更能激励学生将探究进行到底]

(教室里一片沉默,这时的沉默是学生在积极地思索,老师静静地等待着。过了一会儿,出现了窃窃私语的情景,各组在议论出错的原因)

学生反应:我想问问他们是怎么做的? 可以让他们再做一次。

教师鼓励:实验中出现与别人不一样的现象是难免的。科学家研究时,一个实验也常常反复做好几次才成功。失败不可怕,我们得找找原因。

(老师的鼓励使学生积极地展开思维,寻求原因)

生:肯定是他们组的那片梨有问题。原因:观察完淀粉后,我把弄过淀粉的几根牙签插在了梨上,做实验时又拔了下来。牙签上粘有淀粉。

插曲:有学生说,有人自己不小心乱弄牙签,浪费了这么多时间,这节课肯定上不完了。

教师引导:真的一点收获也没有吗?

生1:老师,我们这一组起先实验没有成功,后来成功了,我感到非常高兴!

生2:用过的东西决不能乱放,不然实验就会失败了。

……

2. 教学反思

小学三年级是科学课的起始年级,学生在刚开始进行探究活动时,教师应该创设机会让学生充分体验成功的喜悦。但是,由于学生的探究能力、习惯、态度等方面的原因,实验往往可能会失败。有时,失败不仅没有害处,反而更有意义。因为失败能给他们带来更多的思考,关键是教师如何正确处理学生实验活动中的失败。科学教师应尽可能让实验活动成为学生真实的探究经历,引导学生尊重实验现象,重视证据。

在这一节课中,当一组学生出现"梨遇到碘酒会变成紫黑色"错误的实验结果时,可能有许多教师会发挥权威作用,让这一组"少数服从多数"而"归顺"。这样虽然可以使教学不偏离预定的教案,按部就班地进行,但会遏制孩子们的探究热情,这一组学生对结果可能会不信服。及时捕捉到学生出错这一契机,根据学生学习中的实际情况适时地调整教学,提供足够的时间和空间让学生自己寻找原因、修正错误,让学生在这一过程中亲历知识的生成。学生在不断地思考,思维展开了,师生间、生生之间相互交流,思维相互碰撞,最后终于弄明白了出错的原因。

例51 茄子发芽的实验研究

【案例评析】

学生对茄子比较熟悉,但大多对茄子的种植和生长知之甚少。通过本次种植活动,让学生进一步了解茄子的种植和生长过程,体会农民劳动的不容易。

【活动指导】

研究1:探究茄子种子萌发的条件。利用对比试验,探究水、温度对茄子种子萌发的影响。

研究2:水量对茄子芽成长的影响研究。利用对比试验,探究水量对茄子芽成长的影响。

研究3:探究种子播种方式对茄子种子生长的影响。利用不同的播种方式,研究茄子种子的生长。

研究4:光照对茄子种子萌发的影响。利用对比试验,探究光照对茄子种子萌发的影响。

【活动案例】

1. 探究茄子种子萌发的条件

实验材料:4个空罐、餐巾纸、40粒茄子种子、清水。

方法步骤:4个罐内分别各放入10粒茄子种子,1号罐内不放水,置于室温;2号罐水量较少,置于室温;3号罐水量较多,置于室温;4号罐水量较少,置于低温。

实验观察:1号、4号罐中种子未发芽,而2号、3号罐中种子发芽了。

实验结论:种子的萌芽需要充足的空气、水分和适宜的温度。仔细观察,还看到发芽后的植物上有一些细细的、白白的根毛,他们能提高吸水率。

2. 水分条件差异对茄子芽成长的影响研究

研究问题:茄子种子发芽必须要有水,水量对茄子芽成长有什么影响?

我们的猜测:茄子芽可能在水多的情况下生长得好,水少的情况下会枯死。

制订实验计划:要改变的条件——水分的多少;要控制不变的条件——温度、阳光等;控制的方法——让盆子一端保持湿润。

实验器材:1个盆子、16颗已发芽的茄子、10张纸巾。

实验过程:把10张纸巾放在盆子里,使盆子一端保持湿润,接着在盆子里放进16颗茄子芽,放在阳台上,观察记录。

实验结果:在其他条件都一样的情况下,盆子前面的茄子芽长得快一点,盆子后面的茄子芽长得慢一点,和猜测是相同的。

3. 探究种子播种方式对茄子种子生长的影响

研究问题:怎么种,茄子种子的子叶出土快?

我的猜测:土壤松、位置浅、种脐朝下的种法子叶出土快。

相同的条件:温度、空气、水、两粒大小相同的茄子种子。

不相同的条件:茄子种子的种法。

实验材料:12颗大小均匀饱满的茄子种子、6个透明容器、餐巾纸6张

实验方法:每一个容器种两颗种子(用不同的种法播种),然后标上序号(容易区分)。第1组,1号杯播种位置浅,2号杯播种位置深。第2组,3号杯种脐朝下,4号杯种脐朝上。第3组,5号杯土壤密,6号杯土壤松。注意:这是对比实验,除了每组的种法,其他条件一样。

实验结论:经过多天的观察,土壤松、位置浅、种脐朝下,这样的种法能使种子子叶出土加快。种脐朝上,芽在泥土中多绕了几个弯,种脐朝下则少绕几个弯,这跟盘山公路的道理正好相

反。

4.种子在黑暗的情况下发芽快,还是受到光照发芽快?

我的猜测:受到光照可能发芽快。

相同的条件:温度、养分、空气和水。

控制的条件:光照。

控制的方法:让一组种子受到光照,叫实验组。让另一组种子不受到光照,叫对照组。

实验材料:两颗茄子种子、两个碗、1块黑色的布、两张湿卫生纸。

实验方法:先把两颗种子泡胀,把两张湿卫生纸分别放在两个碗里,再把两颗种子放在湿卫生纸上,把对照组的种子盖上黑布。

实验结论:影响种子发芽的条件是:水、温度、空气、养分。光照不影响种子发芽。

例52　不听话的小纸团

【案例评析】

本文就是一个利用身边极其普通的器材开发的供学生理解科学本质的教学案例,以期抛砖引玉,引发更多的科学教师进行这方面的案例开发尝试。

【活动指导】

学生在像科学家那样进行科学探究的过程中,除了获取科学知识,增长科学探究能力,还应理解科学探究及其本质,形成尊重事实、善于质疑等科学态度。尽管对科学本质的理解可以也应该渗透在平时的探究教学过程中,但不可否认,适当开发一些侧重于理解科学本质的探究活动还是非常有必要的。本案例引导学生从 5 个猜想展开探究活动。

猜想 1:往瓶内吹气,气体通过纸团与瓶口间缝隙进入瓶内,使饮料瓶内气压增大许多,从而把纸团压出来。

猜想 2:吹气时,进入瓶内的气流遇到瓶底后反弹,气流返回,纸团就被向外推。

猜想 3:向瓶内吹气后,瓶内气体满了就向外溢,把小纸团冲出来了。

猜想 4:吹气时纸团外面流速大,压强小,里面流速小,压强大,形成由内向外的压强差,从而把纸团挤出来。

猜想 5:瓶内是冷空气,从口腔吹出的气体是热空气,进入瓶内后使气体膨胀,把纸团压出来。

【活动案例】

(1)提前让学生准备一个大小不限的塑料饮料瓶和剪刀,五六位同学为一组。

(2)提问:用一张纸揉成一个比瓶子口小的纸团,把瓶子水平放置,然后把纸团放在瓶口,再对着瓶口吹气。猜测纸团会进去吗?

(3)分组实验。学生从不同角度吹,用不同大小的纸团吹。

(4)实验发现。纸团确实被吹出瓶外,而且越用力吹,纸团往外跑得越快。

(5)实验可能的猜想。

猜想 1:往瓶内吹气,气体通过纸团与瓶口间缝隙进入瓶内,使饮料瓶内气压增大许多,从而把纸团压出来。

猜想 2:吹气时,进入瓶内的气流遇到瓶底后反弹,气流返回,纸团就被向外推。

猜想 3:向瓶内吹气后,瓶内气体满了就向外溢,把小纸团冲出来了。

猜想 4:吹气时纸团外面流速大,压强小,里面流速小,压强大,形成由内向外的压强差,从而把纸团挤出来。

猜想 5:瓶内是冷空气,从口腔吹出的气体是热空气,进入瓶内后使气体膨胀,把纸团压出来。

(6)实验验证。教师指出猜想 1 与猜想 3 应该是一样的,猜想 1 用的是物理语言,猜想 3 是生活化语言。于是猜想就由 5 个减少为 4 个了。对于猜想 5,如果在夏季,都是三十六七摄氏度的高温,与体内呼出的气体温度差不多,这种原因造成的压强差可以认为等于 0,不可能把纸团压出来,而且要验证也不难,只要用一个吹风机去吹就行了。因此只剩下 3 个猜想了。

注意事项:可以在瓶底开个小孔;或者是与瓶子垂直沿瓶口切线方向吹气;同时,还要保证每次吹气时气流是垂直瓶口的,纸团每次放的位置都基本一样。

(7)开放性结论。引导学生们通过自己的观察、实验、探索出其中的科学因素,在学生们学到了知识的同时有教学启发。

例53　魔术小探秘

【案例评析】

魔术表演是学生非常喜欢的节目,以魔术的形式开展一些有趣的科学小活动,可激发学生强烈的探究欲。

【活动指导】

在科学的探究活动中,将一些日常我们所熟悉的物品,作为"魔术"的表演道具,以魔术的形式开展一些有趣的科学小活动。教师先将"魔术"内容示范给学生看,学生亲身经历活动,自己也来表演小"魔术"。当亲眼看到奇异的现象发生时,学生的探究欲会被激发。在这样的情景下,鼓励学生自己去寻找答案,然后在下一次活动的时候教师检查学生们课下所搜集来的答案,并将他们汇总的科学道理一一给予指正,最后揭晓谜底,逐步培养学生对科学学习探究的兴趣,并养成在日常生活中发现问题,提出质疑,用科学知识去解释问题,用科学方法去处理问题的习惯。

【活动案例】

魔术 1:将油变到水里去

学生每天都要在学校用早餐,需要学会自己洗碗。油水混合的魔术就是在此种背景下出现的。

1. 魔术材料

2 个大烧杯,2 只玻璃棒,油、水,未知液体。

2. 魔术过程

(1)老师向大烧杯中倒入一些油和水,用玻璃棒搅拌,静置后发现油和水是分层的。再倒入少量未知液体,奇迹发生了,油竟然和水混合在一起了。

(2)学生仿照教师的做法来表演该"魔术"。

(3)猜测未知液体是什么东西。

（4）教师建议大家课后自己去找答案。

（5）交流答案。同学们将搜集来的答案，在上课的时候进行全班交流，在教师的总结归纳下得出了其中的奥秘。原来未知液体是洗涤剂，能把一个个油滴包围起来，均匀地分散在水中，这种作用叫"乳化作用"。在这种作用下形成的油水混合液叫"乳油液"。人们喝的牛奶、乳白色的鱼肝油都是乳油液。洗衣粉能去除衣服上的油污，洗涤剂能清洗油泥，就是因为它们跟油和水的"关系"都不错，能把油污从衣服上拉到水中来的原故。

通过开展这次活动，学生们知道了为什么每天在学校里吃完饭，洗饭碗的时候都要放一些洗洁精的道理了。

魔术2：清水变浑水

水是我们都很熟悉的，但是水的奥秘却有很多。

1. 魔术材料

教师布置学生在课下取一些不同的水，可以是家里的水，也可以是学校里学生们自己饮用的水，或是河水、海水备用。

2. 魔术过程

（1）教师用2个烧杯分别盛放冷的河水与凉开水，然后在每个烧杯中各加5滴用药棉滤过的肥皂水，搅拌均匀。过一会儿，发现冷水杯里很浑浊，并有许多白色的沉淀，而凉开水杯里沉淀很少，水也不太浑浊。（事先教师告诉学生向水里滴加的是肥皂水）

（2）学生仿照教师的做法来表演该"魔术"。

（3）猜测为什么会有这种现象？

（4）教师建议大家课后自己去找答案。

(5)交流答案。原来水中含有许多矿物质及其他杂质,如钙、镁等。它们就像食盐溶解在水中一样,不容易被人看到。水中加入肥皂水以后,一些矿物质就与肥皂"纠缠"在一起,变成不溶于水的白色沉淀。水中矿物质及杂质越多,沉淀就越多。若把水烧成开水,水在煮沸过程中,一部分矿物质及杂质已经从水中跑出来,变成沉淀形成水垢附在水壶壁上。这样,凉开水中的杂质比冷水中少,所以加入肥皂水以后,沉淀也就少了。

魔术3:神奇的气体

1. 澄清的石灰水变浑浊

(1)魔术材料。先制作澄清的石灰水:取少量的白色石灰,放到烧杯里,加入一些水,然后把上面的澄清的水倒入另一个烧杯中,制成澄清的石灰水。

(2)魔术过程。

①教师用吸管向澄清的石灰水中吹气,澄清的石灰水变浑浊了。

②学生仿照教师的做法来表演该"魔术"。

③猜测为什么会有这种现象?

④教师建议大家课后自己去找答案。

学生们交流答案:是不是二氧化碳呢?

2. 清水变浑浊,气体灭蜡烛

(1)魔术材料。几瓶可乐,火柴,蜡烛。

(2)魔术过程。

①老师找来一块泡沫塑料,把它削成一个瓶塞,中间开一个小孔插入一根橡皮管。在一只广口瓶中放一支点燃的短蜡烛。打开汽水瓶盖,把泡沫塑料塞塞入汽水瓶口,橡皮管伸入广口

瓶。轻轻地摇晃汽水瓶,汽水中冒出的气体通过橡皮管进入广口瓶,原来燃着的蜡烛灭掉了。将气体导入澄清的石灰水中去,液体变浑浊了。

②学生仿照教师的做法来表演该"魔术"。

③猜测为什么会有这种现象?

④教师建议大家课下自己去找答案。

我们可以断定汽水中的气体是二氧化碳,我们呼出的气体也含有二氧化碳。二氧化碳有使澄清石灰水变浑浊的特点,它们之间发生了一些化学变化。汽水喝入胃中时,人会不停地打嗝,原因就是释放这些气体,从而带走体内的一部分热量,所以喝汽水有使人变凉快的作用。

例54　气象与生活

【案例评析】

气象与我们的日常生活密不可分。通过《气象与生活》这个主题的探究,让学生更深刻地了解气象与生活之间的关系,在探究活动中体验学习科学的乐趣,增长科学探究能力,获取科学知识,培养科学素养。

【活动指导】

教师和学生先制订了具体的教学目标,并进行分工合作,最终确立了"我是小小气象员"、"气象与灾害"、"气象与健康"、"气象与商业"等4个小研究主题,并以自愿形式组成活动研究小组。活动过程中教师为每个同学设计各种个性评价,结束阶段进行成果展示与交流。

【活动案例】

1. 课题的提出

现在的天气预报越来越注重人文关怀,报道与我们吃穿住行等生活相关的气象指数,人们也越来越重视气象与我们生活之间的关系。为此我们确立了《气象与生活》这个主题,希望通过研究活动,更深刻地了解气象与我们生活之间的关系,为我们的学习、生活提供更好的服务。

2. 教学目标

(1)开阔学生眼界,增强学生的观察、分析能力,树立自主探索的意识,培养热爱科学、热爱自然的情感。

(2)通过活动了解气象对人们生活的影响,知道如何适应不同的气候特征,以及有效地利用自然资源为我们服务。

(3)学会用多种方法进行调查研究,在分析问题、解决问题、探索研究的过程中,加深学生对气象与生活关系的进一步了解。

3. 探究过程

(1)拟定主题

气象与生活的关系,其内容涉及范围很广,可先让学生初步了解气象的有关知识,也可以让学生比较全面地专门了解气象知识的某个范围,便于学生更好地选择小的活动主题。学生上网收集资料,对气象与生活的关系有一定了解后,再讨论哪些小的研究主题比较适合研究。最后,确立了"我是小小气象员"、"气象与灾害"、"气象与健康"、"气象与商业"等4个小研究主题,并以自愿形式组成活动研究小组。

（2）小组分工

一个小组 5 个人,有具体的分工:组长、采访员、调查员、整理员、打字员等。

（3）各主题的实施

每个研究主题都按拟定计划、动手过程、成果展示 3 个部分开展。

活动形式有气象知识大搜查、设计学习卡、设计问卷调查表,并作统计分析,电脑编报《我是小小气象员》、《气象与运动采访调查》、《当"小老板"》等。

（4）成果展示与评价

教师为每个同学建立了档案袋,里面除了有同学们的成果作品外,还设计了每日量评表、记录卡和综合评定表,以及同学们对活动的自我评价、小组里同伴的评价、家长的评价、老师根据成果展示给予的评价。最后,大家根据这些评价来评选"科技活动小能手"。

例55　种子的结构

【案例评析】

学生对于种子是不陌生的,但真正理解种子的主要结构以及种子之间的不同,还需要去探索发现。本案例以探究式教学模式为契机,在多媒体课件的辅助作用下,通过观察——提出问题——实验论证——解决问题的途径,培养学生的探究能力和实践能力。

【活动指导】

本案例设定了一明一暗两条主线。明线：从种子的形态入手，通过了解种子的形态、结构、作用，力图体现所有植物体结构和功能的统一的特点。暗线：整个教学过程中始终贯穿着科学分类这种科学方法，旨在培养学生掌握自主学习科学的思想、方法和能力。

通过对不同植物图片的观察、分析和比较，要求学生进行分类。在新课教学过程中，每两个学生组成一个学习小组，通过实验观察提出各组的认识和疑问，并把察觉到的疑问部分集中起来形成问题，让全班同学共同参与到探究学习过程中来。

【活动案例】

1.教学目标

（1）知识目标。

①认识并说出种子的主要结构，描述菜豆种子和玉米种子的相同点和不同点。

②掌握识别裸子植物和被子植物的简单方法，并应用于对植物的识别之中。

（2）能力目标。学会观察的一般方法。

（3）情感目标。

①通过观察和研究种子的结构，形成热爱植物、热爱大自然的真情实感。

②通过参与收集果实和种子的活动，体验与人交流与合作，形成相互合作、尊重别人的情感。

2. 教学重点与难点

教学重点与难点:认识种子的结构。

3. 教学过程

(1)引入新课。

①区分几个常用名词:几类植物和几种植物、植物的 5 大类。

②将教师给出的各植物图进行分类,并说明是怎样进行分类的。允许学生根据各植物的结构特点进行多种分类的尝试。在分类的同时要求学生讲明分类的依据,旨在为下文的展开打下伏笔,并能起到很好的承上启下的作用。

(2)新课教学。以菜豆和玉米的种子为例,讨论单子叶植物和双子叶植物在植物分类上的不同。要求学生以两人为一小组,根据任务单的要求开始实验。

①两类种子的共同结构。菜豆种子的外形与玉米种子的外形不一样。菜豆的种子有两片子叶,玉米种子只有一片子叶。

总结:两类种子都有种皮和胚。胚有子叶、胚芽、胚轴、胚根。只不过子叶的数目不同。

②两类种子的不同之处。利用碘酒遇到淀粉显蓝色,对菜豆和玉米的种子进行测试。发现玉米种子含淀粉多,菜豆种子含淀粉少。

根据植物种子中子叶数目的不同,分为单子叶植物种子和双子叶植物种子两大类。

(3)种子各结构的功能。通过师生的共同探讨,最后得出结论:胚芽发育成茎和叶,胚根发育成根,胚轴顶着胚芽向上长,顶着胚根向下长。整个胚发育成新一代的植物体。种皮对种子起保护作用。子叶或胚乳在整个胚萌发过程中起提供营养的作用,直到幼小的植株转绿,能进行光合作用为止。

(4)种子萌发的条件。这是下一节课重点要解决的问题,为了更好地利用课堂教学时间,让学生有更多的时间用于探究学习,启发学生的思维,引导学生思考种子萌发时所需的条件,提出以下几个生活中常见的问题:

①为什么种子要晒干了保存?

②为什么当天吃不完的西瓜要保存在冰箱里?

③为什么街上卖的高山豆苗要装在密封的塑料袋子里?

④农民伯伯在种粮之前总要进行选种,将种子浸入事先配制好的盐水溶液中,他这样做的目的是什么?

针对以上 4 个问题,要求学生通过小组讨论,采用类比的方式,推测出种子萌发可能需要哪些条件,并在此基础上设计一个实验方案来证实自己的猜测正确与否。将此作为本节课的作业由学生课外完成,为下节课教学内容的展开打下伏笔。

例56 像火箭那样启动小车

【案例评析】

《像火箭那样启动小车》教学设计的目的是通过组装气球小车和研究小车的运动,了解反冲力的作用,锻炼学生的动手能力,呈现了典型的科学探究学习过程。

【活动指导】

本案例从问题情境的创设,研究计划的讨论制订,探究实验的进行,研讨活动的展开,以及后续探究活动的选择,充分体现了科学探究的过程。教学注重活动前的计划制订和预测,活动中的运用证据和作出解释,活动后的交流汇报与论争,强调探究的延续性,注意将课内的研究活动延伸到课外。

【活动案例】

1. 玩气球,引出反冲力

教师出示 3 个气球,问:"谁能把它们吹大?"学生举手演示。教师故意放走一个气球,从"吹足气的气球放手后在空中乱窜"的现象提问:刚才的气球为什么会在空中运动啊?

2. 用气球驱动小车

教师出示小车,提出:把气球和小车放在一起,你想到了什么? 做一辆气球小车,我们需要解决哪些问题? (气球的运动和空气有关,而且运动速度快,轨迹不规则。为了便于研究,用教学课件的形式呈现,充分发挥现代教育媒体的作用,并达到良好的教学效果)

提出还有以下一些问题值得研究:先吹气球还是先绑气球? 怎样让小车跑得又快、又远、又直? 小车的运动速度、运动长度、运动方向各与什么因素有关? (这是一个讨论制订研究计划的过程,在学生提问无法深层次触及教学内容的时候,通过教师提问,把更多的时间留给后面的学生研究活动,反映了教学过程中学生和教师是相互作用的共同体,也反映了教学价值的取向问题)

学生制作气球小车。(学生的探究活动是一个不断发现问题、解决问题,思维不断推进的过程,让孩子在活动的过程中发现新问题,解决新问题,有利于培养学生的问题意识)

3. 赛车比赛

各组自行制作气球小车,然后将自己的研究和大家交流。

（影响小车运动速度的原因是多方面的，尽管孩子们的讨论不能完全解决这一问题，但是，这一探究过程的经历，对于促进孩子的思维发展，促进孩子科学素养的提高无疑是十分有意义的。每个孩子对问题的分析都不是凭空的，都是有凭有据的。从学生汇报的内容中，我们看出这堂课的内容拓展了，学生的收获多元化了，他们的思维活动不再局限在小车的制作上，也不只停留在对反冲力的理解层面上，这就是"一英尺宽一英里深"教学理念的体现）

4. 对小车运动的思考

出示火箭发射的图片，播放学校建校庆典上模型火箭发射的录像。比较反冲力小车与火箭的相似之处，鼓励学生去研究制造气球火箭。（反冲力气球同样"反冲"着学生的思维，引发他们课后更多的探究活动）

例57　一杯水能溶解多少食盐

【案例评析】

本案例其实是研究常温下食盐在水里的溶解度。学生已经发现食盐在水里的溶解不是无限的，那么，一杯水里到底能溶解多少食盐呢？学生将根据问题制订简单的研究计划，并对"50毫升水能溶解几克食盐"进行自主研究，初步感知和经历探究性实验的方法和步骤，同时获得"溶解度"和"饱和溶液"的概念。

【活动指导】

1. 食盐在水里能无限溶解吗

教师可创设问题情景：演示不断地往水里加食盐。食盐能不断地溶解吗?

2. 讨论如何研究"一杯水能溶解多少食盐"

必须把研究问题转化成可操作、可研究的问题。重点解决"一杯水是多少水?""如何加放食盐?""如何进行称量和记录?"这几个问题。对照教科书中的研究计划,讨论并制订本小组的研究计划。研究计划经交流、改进、确认后,准备所需的相关材料。

3. 做"100 毫升水能溶解多少克食盐"的探究性实验

可以让学生先猜测 50 毫升水能溶解多少克食盐,然后提示学生严格按照计划进行操作,进行实事求是的记录。引导学生交流研究结果,学生有可能注意到溶液的"饱和"状态,甚至可能形成"溶解度"的概念。

【活动案例】

(1)提出科学问题。科学课研究的问题必须具有"科学性",也就是具体的、明确的可以研究的科学问题。

(教师与学生一起做水溶解食盐的实验,在一杯水中不断加食盐同时不断搅拌,引导学生认识到食盐不会无限溶解下去)

提示:一杯水能溶解多少食盐呢? 有什么地方不够明确?(水量的多少,溶解的食盐的多少)

分析:科学课研究的问题必须具有"科学性",也就是具体的、明确的可以研究的科学问题。而"一杯水能溶解多少食盐?"是个不能具体研究的问题,怎么办? 教师巧妙地从一杯水过渡到 50 毫升的一杯水,把一个不能直接研究的问题转化成了一个可以研究的科学问题。科学教学的科学性必须从问题的提出开始就得以体现。

（2）科学猜测。猜测应该是一种科学性的预测，即是学生建立在已有生活经验和符合基本科学逻辑的一种合理的估计，而不是一种漫无目的的瞎猜。

提示：估计50毫升的水能溶解多少克食盐呢？从猜测的数字中筛选出一些较合理的数据。

分析：科学课中的猜测是学生建立在已有生活经验和符合基本科学逻辑的一种合理的估计，教师应及时调动学生对生活经验的回忆，并用基本的科学逻辑对估计进行修正，从而让学生的猜测更具有科学性，也有利于之后研究方案的制订（比如加食盐顺序的确定）。

（3）制订研究计划。让学生根据自己的猜测，调动已有的知识与经验，设计出具体的研究方案。教师应作必要的指导，以保证研究方案的合理性和可操作性。

提示：可以直接开始实验研究吗？我们在研究实施前要做好哪些准备工作呢？写好研究计划。

分析：科学探究与平时的一些偶然发现是不一样的，它是一种有目的、有计划、有意识的科学性活动。要使我们课堂中的活动成为真正的科学性探究，制订计划很重要，也就是让学生"事先想、想好了做"。教师让学生先分组讨论交流，调动已有的知识与经验，然后把"事先想"的内容记录下来作为后续研究的计划，这就是"科学性教学"的重要体现。虽然这个过程耗时多，但对学生今后的研究活动意义重大，教师在这方面要舍得花时间。

（4）交流修正研究计划。精心组织研究计划的交流研讨活动，激发学生进行积极的思维碰撞，展开真正的"科学辩论"，并为后续研究活动扫清障碍,同时培养学生严谨的科学逻辑思维,培养学生的质疑精神。

(教师让各研究小组派代表向全班介绍自己小组的研究方案,投影展示研究计划)

分析:(a)"按怎样的顺序加食盐"这一段的讨论非常精彩,教师一句"为什么按这样的顺序加食盐?"激发了学生积极的思维,展开了一次真正的"科学辩论"。在辩论中使学生加食盐的顺序变得更有目的性与计划性,也为进一步修正、实施计划作好了重要的铺垫,并使学生经历了一次真正的科学探讨,培养了学生严谨的科学性思维。(b)用勺子加食盐的方法简单易行,但误差太大,在一定程度上影响了实验的科学性。要尽可能缩小这种误差,因此改用事先为学生准备好 5 克、2 克、1 克一袋食盐的方法,不仅做到了精确,还意外地收到了奇效——讨论加食盐顺序环节的富有科学性的争论,极大地促进了学生科学思维的发展。因此,我认为科学教师要尽可能让我们研究的材料、工具等等更具有结构性,更有利于科学探究活动的展开,更有利于发展学生的科学思维。

(5)实验并作好科学记录。允许学生根据具体情况对研究方案作适当调整;对实验中操作不规范的小组加强指导,使实验探究排除一些干扰,更加严密;培养学生养成良好的科学记录习惯,培养证据意识。

分析:实验的过程中,根据实验反馈的具体情况适时对加食盐的数量和次数作出调整,是对研究方案的再修正。从实验的实际反馈中作出的修正,是最切合实际的,使学生的科学探究更合理,更具有科学性。教师加强巡视指导,对小组实验中不规范的操作进行指导,如搅拌的方法、何时再次加食盐、如何统计最终的实验数据等,使实验探究排除一些干扰,使实验探究更加严密。

(6)整理分析数据,得出结论。应充分尊重每一组的实验结果,真正把学生的第一手材料作为分析研究的基础;让学生自己来分析数据,学习一些科学的统计分析方法,并从分析的过程中反思自己的实验,培养严密的逻辑思维能力;相互质疑、评价,在不断的质疑过程中推动研究向前发展。

(教师通过课件中的条形统计图,全面统计各组的实验数据。在条形统计图课件的制作上用蓝、红两种颜色分别表示完成实验的数据和未完成实验获得的数据。引导学生分析条形统计图中的各种数据)

分析:(a)要使我们的科学课上得更具有科学性,应充分尊重学生的每一个实验结果,真正把学生的第一手材料作为分析研究的基础。本课课件中的统计图的设计充分体现了这一点,不仅把所有组的结论全都统计进去,而且还用蓝、红两种颜色反映出"完成实验"与"没完成实验"两种情况,充分尊重学生的研究,这就是科学性教学的体现。(b)让学生自己来分析数据,学生不仅能学会一些科学的统计分析方法,而且从分析的过程中反思自己的实验,并相互质疑、评价。反思是一种重要的科学思想,探究结束后,通过观察各组数据的差异,看看自己的研究中有什么问题、有什么值得改正、有什么忽略了,这将有助于学生更加周密地考虑自己的研究计划,更加规范地进行操作,有助于培养学生严谨的科学态度。互相的评价也有助于学生质疑精神的培养,在不断的质疑过程中推动研究向前发展。

(7)拓展延伸再提出科学问题。让学生带着问题进课堂,还要让他们带着更多的科学问题出课堂,使科学探究活动得以不断延续。

（教师询问学生还有什么其他的发现,引导学生继续课后探究）

（二）头脑奥林匹克

头脑奥林匹克,简称"OM",是一项动脑、动口又动手的活动。以"动手"的活动,促进"头脑"的发展。OM 利用一些有趣的游戏活动,通过求异思维、别出心裁和标新立异等方式来培养青少年的创造力。OM 的原则是:用最简单的材料,制造最有创意的作品。OM 提倡与众不同,它的题目"答案不唯一"。OM 主张打破框框,创造全新的思维。

每年,世界头脑奥林匹克协会提供 6 道长期题和至少 30 道即兴题。长期题的类型分为 6 类,分别为:小车、工程技术、古典、结构、表演,以及初级题,题目内容每年都有所不同。即兴题分为 3 种:语言类、动手类、混合类。这些题目充满趣味性和挑战性,给学生提供了充分的施展才能的机会。

下面以具体的例子来谈如何开展 OM 活动。

例 58　恐龙的故事

【案例评析】

《恐龙的故事》是 OM 中长期题的一个案例,展现了学生的地理知识、生物知识、表演技能和制作装置能力,同时培养一种探索精神。

很多年前存在的恐龙发生了什么事呢? 参赛队要通过一个

幽默的表演,描述自创的致使恐龙灭绝的想法。表演将包括恐龙、孙悟空、消灭恐龙的外星猎人和模拟"恐龙灭绝理论"的技术。至少有部分的表演场景发生在中生代时期。竞赛时间一般限制为8分钟,包括赛场布置、完成规定任务、进行风格表演等。

【活动指导】

(1)读熟题目。通过阅读,搞清赛题要求解决的问题和完成的任务、各种限制条件、赛场布置、竞赛规则、风格、评分标准(包括得分、扣分和风格分)等内容。

(2)明确题意。遇到实在弄不懂的问题,参赛队可填写"问题澄清表",让裁判作出答复。

(3)讨论解题。内容主要有:完成赛题规定的任务的方法,表演的主题、风格,表演需要的各种道具及制作方法,队员的角色造型等。

(4)编写剧本。

①表演的形式可以是话剧、哑剧、舞蹈、武术、杂技等。

②表演中使用的语言要少而精,不要长段的对白。

③剧情要幽默,要出其不意。参赛队员能够表演。队员中如有特别的才艺的话,可把他的才艺表演编入剧中。

④一般竞赛的时间限制为8分钟,这包括搬运道具(从准备区搬到竞赛区)、布置场地和表演。还要考虑一些机动时间,用以处理突发事件。因此表演时间不能太长。

⑤长期题竞赛时由5名队员上场,在角色安排和出场顺序上要考虑周到。

⑥为增强表演效果和掌握表演时间,可使用背景音乐、音响效果手段。

（5）制订计划。内容要包括：活动的时间安排、制作分工、完成的日期等。

（6）制作道具。

（7）反复排练。

（8）准备参赛。

【活动案例】

1. 对恐龙灭绝事件的推论

中生代时期,恐龙和猴子独霸地球,猴子和恐龙是一起玩耍的好邻居,好朋友。突然地球发生了较大规模的造山运动,山崩地裂、火山喷发。大量的猴子和恐龙此时被烧死。猴王机智聪明,在火山口千锤百炼,炼成了一身好本领,成为孙悟空。此时的孙悟空看到死去的猴兄弟和恐龙朋友,心里非常难过,百感交集。他将受伤的猴子和恐龙全部救了起来。孙悟空看到破碎的家园和死去的亲友,望天长叹。在绝望之时碰到了西天取经的唐僧师徒一行,并请教唐僧师傅如何是好。唐僧点化了孙悟空,于是孙悟空带着剩下的猴兄猴弟和恐龙朋友一起随唐僧腾云驾雾到外星球取经去了。后来孙悟空因违反戒律,被唐僧遣返地球,因此猴子就延续了下来。

2. 技术手段展示灭绝事件

一个地球仪的一处,锥形高地上喷出火山（化学药品）,绝大部分恐龙已经灭绝,火山喷发的同时,周围的大小恐龙、植物、动物（都是模型）一一倒下。

3. 运用技术手段使舞台背景发生变化

（1）火山爆发的变化。

（2）幕布的变化,从原来的树林草原（苏铁树、银杏树等）,

变成荒漠。

(3)一棵人扮的树的变化。

4.道具的布置

(1)先放置好幕布在舞台中间位置。

(2)推出技术展示沙盘放在左边,中生代场景放置在右边。

(3)恐龙蛋安放在中生代场景靠幕布一侧。

(4)队标放置在技术展示沙盘的外侧。

5.故事情节

(1)前奏——快乐的中生代。

中生代情况概述(旁白):在距离我们十分遥远的中生代时期,地球上曾居住着一群种类繁多的动物——恐龙。它们是陆地上的霸主,称霸地球1亿6千万年。地球上出现了最早的有花植物和最早的鸟类,以及天鹅、企鹅和猴子等动物。

恐龙出场:恐龙作幽默表演。

恐龙出场:恐龙嬉戏的温馨场面。

猴子出场:机灵的猴子跳着猴步绕中生代场景走一周后与恐龙嬉戏玩耍。

(2)恐龙的灭绝。

①外星球的猎人从幕布右边出场,沿着技术展示沙盘往幕布飞来,此时技术展示猎人飞向地球。

②猎人走到沙盘旁,凝视沙盘上的恐龙(沙盘上有很多恐龙,其中一只恐龙在奔跑),开始屠杀恐龙。此时技术展示刺杀的情景,配备闪灯,配上恐龙被撕杀时尖叫的凄惨声。

③猎人走到在沙盘湖边喝水的恐龙1,一刀把恐龙1杀掉,猎人用脚踩住恐龙1的尾巴,撕下一块肉在品尝:"果真味道不错啊!是做汉堡包的上料。"其他恐龙看到猎人捕杀恐龙的情

景惊恐万分,躲在场景山的后面。

④猎人凝视着沙盘:"瞧,这,还有那么多恐龙,太好了! 给我宝物——黑洞。"猎人左手在空中转一圈,然后从沙盘上拔起黑洞。技术展示通电黑洞旋转,展示黑洞吸走恐龙的过程。

⑤猎人非常得意,抬头张望中生代场景的地方,发现那边还有许多恐龙,从沙盘底下取出黑洞走到幕布前舞动。此时场景发生变化,树、恐龙被黑洞吸倒,山变黄,地球一片萧条景象。

⑥猎人满脸笑容飞走了。此时配萧条的音乐,恐龙被黑洞吸走后,地球一片狼藉。插一段孵化恐龙和孙猴子出生的音乐。

⑦小青娃跳到舞台呱呱叫,很悲伤。发现旁边半个恐龙蛋在动,于是青蛙不停绕恐龙蛋四周挖土,让恐龙蛋露出地面不断孵化,幸存动物出世——猴子。看到恐龙蛋出来的是猴子,青娃望着猴子很惊奇:不是小恐龙,怎么是个猴子呢?

⑧猴子出来后,很悲伤,到处寻找玩伴——走猴步、耍猴拳绕舞台一周,

(3)地球恢复生机。

旁白:若干年后,地球恢复了生机,天鹅、企鹅飞回了地球,它们和猴子、青蛙们快乐地生活着。

①青蛙与猴子玩耍。

②企鹅跳幽默搞笑的舞蹈。

③企鹅、天鹅跳舞。

④最后一起说:同一个地球,同一个梦想!

例 59　和吸管说话

【案例评析】

《和吸管说话》是 OM 中语言类即兴题的一个案例,展现了学生的思维创造能力。

【活动指导】

语言类即兴题可以是造句、对话、故事、情景描述等类型。

大概流程及注意事项:

(1)宣读题目。

(2)思考和讨论。当裁判宣布思考开始后,一般有 1~2 分钟的时间给队员思考或讨论。

(3)回答问题的方式。按题目要求,回答方式有所不同,一般有以下几种:

①按顺序轮流回答。不能轮空,不能重复,其他队员不能提示。轮到某个队员时如果回答不出,则比赛结束。

②翻牌回答。参赛队员事先无法知道下面轮到谁回答。

③随意回答。每名队员有一叠"答题卡",队员可以随意回答,但回答时必须交一张"答题卡"。当某个队员的"答题卡"用完时,他就不能再回答了。

(4)评分。每个普通回答得低分,创造性或幽默的回答得高分。

【活动案例】

1. 训练准备

(1)在桌子上放 10～15 根吸管。

(2)给每名队员一叠 6 张有区别的卡片。

2. 题目要求

(1)有 1 分钟时间思考,4 分钟时间回答。可以提问,但要计时,任何时候都不可以互相交谈。

(2)每个普通回答得 1 分,每个创造性回答得 5 分。

(3)队员按卡片号码顺序回答问题,一名队员回答完毕,须交 1 张"答题卡"。如果队中有 1 名队员卡住了,那么整支队的解题就停止。

(4)大声回答,吐字清楚。

3. 回答举例

(1)普通回答举例。对吸管进行评价:这里有很多吸管;跟山一样大;他们是彩色的;我能用他们喝很多饮料。临时拼凑的吸管或吸管的用途:手镯;筷子;抓挠;剑;用来喝东西;用来编篮子等。

(2)创造性回答举例。和吸管说话:最近,你们喝了什么美味的饮料吗? 我会把你们做成一个稻草人放到田里。对吸管进行评价:如果吸管会说话,它们会说什么呢;我会把它们送给一个朋友,用它们把地下室里的水吸出来;我想,能把它们在网上卖掉吗? 吸管的用途:能取出掉到冰箱后面的东西;可以当做巧克力棒的模型;把它们首尾相连,做一条从入口到进口的路;可以用来固定西红柿的秧苗;为我的小仓鼠建个窝;在修脚时,用来分隔脚趾;用来做飞盘;做成固定受伤手指的夹板。临时拼凑的吸管：(接触)我抓住一把吸管；(摇动一根吸管)风中的吸管；在浴缸里吹泡泡。

例60 高高的气球

【案例评析】

《高高的气球》是动手类即兴题的一个案例,要求队员能创造性地使用提供的材料完成规定的任务,考验学生的动手创造能力和问题解决能力。

【活动指导】

动手类即兴题可以是结构类、发送类、包装类、信号类、测量类等。

大概流程及注意事项：

(1)听题。内容包括：要求完成的任务、限制条件、比赛时间、评分标准等。队员要能听完题目后,就能口头复述,彻底理解题意。

(2)思考、讨论、练习。主要讨论那些有创造性的方案,通过讨论往往会想出更好的解题方法。

(3)提问。在解题过程中有些问题裁判是不会主动告诉参赛队的,只有当参赛队提问后才会告诉队员。

(4)解题。应注意不断地修改方案,使解题更完善、更顺利。

【活动案例】

1.训练准备

(1)材料。1只充了气的气球(破的可换)、6根吸管、2只塑料杯子、2枚回形针、6张标签纸、2张A4纸、2条细绳(长30厘米)、1块橡皮泥(2.5立方厘米)。

(2)任务。建立起一个支撑物,从而使气球放置到离地面尽可能高的位置。地面上有一个正方形区域,支撑物必须接触这个区域内的地面,且不能再接触区域外的任何一处地面。气球除了支撑物外不能再接触其他任何东西。

(3)完成时间。要求7分钟内完成。

(4)评分标准。

①气球离开地面后每上升2.5厘米得1分。

②解题具有创造性得1～15分。

③队员具有合作能力得1～10分。

(5)场地布置。正方形的边长为91厘米,离开墙壁的距离是46厘米。

(6)在检测参赛队的解题方案时,确定气球已经处于静止状态,并从地面向气球的最高点进行测量。气球不一定需要处于垂直状态。

2. 解题要点

(1)解题时要注意观察场地布置,以便发现问题,及时提问。为什么正方形区域画在墙壁边,那么支撑物可以接触墙壁吗?

(2)在讨论支撑物制作方案时,要注意题中要求:支撑物必须接触区域内的地面,不能再接触区域外的任何一处地面。气球除了支撑物外不能再接触其他任何东西。另外对"支撑"一词的理解,要灵活一点,如用联接、连通等替代。

(3)动手题都要注意在整个解题过程中队员的语言和行为,这些是评"队员的合作情况"分数时的主要依据。

（4）注意在 7 分钟的时间内要完成解题。可设计多套方案,便于得分。

例 61　礼物

【案例评析】

《礼物》是混合类即兴题的一个案例,要求队员能创造性地使用提供的材料作回答或作即兴表演等,考验学生的动手创造能力和语言组织能力。

【活动指导】

混合类即兴题,又称作语言/动手题。有的题目提供道具(绳子、电线、木梳等),要求队员利用提供的道具。有的题目提供一些材料,要求队员先利用提供的材料制作某样东西,然后对制作的东西作回答或表演。

普通回答举例:无意义的回答;通常的回答;和前个回答非常相似;没有对故事增加意义;和故事主题没有关联的回答;与故事主题有关,但没有推动情节发展的回答。

创造性回答举例:非传统的回答方式;不常见的回答;幽默的回答;故事发展有意想不到的转折;对意想不到的转折的快速回应;恰当有意义的肢体语言或手势,使回答的情形变得戏剧化;如果一个队员给故事设置了一个特殊的困境,而另一名队员巧妙地利用了那个回答来发展故事。

【活动案例】

1. 题目介绍

你们的教练获得了"头脑奥林匹克活动优秀教练"称号,请你们用提供的材料制作部件,再组装成一件"礼物"送给他。

第一部分,有 4 分钟时间用来制作"礼物"的部件,每个队员必须坐在各自的座位上制作"礼物"部件,可以根据各人的需要到中间的桌上去拿制作材料。

第二部分,有 3 分钟时间用来组装"礼物"。必须把所有人制作的部件组装成"礼物"。

第三部分,有 1 分钟的时间,由队长根据组装成的"礼物"作一番演讲。

评分标准:"礼物"的创造性得 1~20 分;队长的演讲得 1~20 分;队员的合作情况得 1~10 分。

2. 准备器材

材料:5 张彩色卡纸、20 根吸管、5 支彩色蜡笔、3 张图画纸、8 张标签纸。

工具:剪刀和铅笔(可以作为"礼物"的一部分,但不能损坏)。

3. 解题要点

由于在第一部分制作"礼物"部件时不允许讨论和联系,各人必须独立完成部件的制作。但没有规定不能观察别人的部件。因此,各人制作部件时可以看别人的部件。部件制作不要相同,尽量抽象一些。第二部分组装时,可以讨论。一定要通过讨论装配"礼物",这样在第三部分便于演讲。

三、生物世界 >>>

　　科学教育的目的是全面提高中小学生的科学素养,树立科学的世界观、人生观,培养德智体美劳全面发展又有个性的社会主义新人,这也是新课标的主要目标。要完成小学科学教育的目标,既要拓宽教学范围,丰富教学内容,又要使科学教学从学生的年龄特点和生活的实际出发,使学生在日常生活中学到有用的科学知识和技能。生物世界给广大师生提供了达到新课标主要目标的途径。生物世界是学生学科学、用科学的"广阔天地",是学生科学知识和创新思维的源泉,也是学生进行探究性学习和科学实践活动的"试验田",在小学科学教育中有着举足轻重的地位和作用。

　　生物世界引领学生走进动物的乐园、植物的王国,在学生的眼前呈现出一个生机勃勃、多姿多彩的世界,使孩子们的心灵沐浴着大自然的灵气和光辉。本书选取了 26 种在珠海本地常见的动植物,建造了一个小小的生物园地。26 种动植物中,有学生常见的居家饲养的动物,如猫、狗、鸽子等;有大自然中常见的动植物,如蜗牛、蝴蝶,及仙人掌、莲等;也有一些珠海本地的特色动植物,如罗非鱼、横琴蚝等。

　　我们利用这 26 种动植物,搜集整理了 26 个课例。每一个课例都包含了对某一种动植物的基本介绍,还有一些相关的探究性活动和科技实践活动,图文并茂,内容详实,层次分明,条理清晰。这26个课例,都是小学科学教师多年教学经验积累的精华,供广大小学科学教育工作者借鉴。

例62 认识鱼类

【活动指导】

鱼是大家经常食用的动物。

本课例第1部分介绍鱼类的定义、数目和分布,使学生了解鱼类的在地球上的大致状况。

第2部分是对鱼的探究。活动一出示在珠海拍摄的一些鱼类的图片,引导学生去关心自己身边的鱼类。活动二是探究活动"鱼的呼吸",通过实验让学生观察墨水从鱼的嘴进入后,从鳃边流出的过程,理解鱼是用鳃来呼吸的。活动三是探究活动"鱼能辨别颜色吗"。活动四研究鱼如何御寒。活动五探究鱼鳍的作用。活动六引导学生进行垂钓活动。活动八调查鱼的营养价值,鱼类具丰富营养价值,引导学生去获取这方面知识。

【活动案例】

1. 概述

鱼是终生生活在水里、用鳃呼吸、用鳍游泳的脊椎动物。世界上已知鱼类约有26 000多种,是脊椎动物中种类最多的一大类,约占脊椎动物总数的48.1%,它们绝大多数生活在海洋里,淡水鱼约有8 600余种。鱼体结构和人体结构有某些相似处:都由骨架支撑着肌肉,由心脏向身体的各部分供血。

鱼具有鼻孔、眼睛、鱼鳍、鱼鳞、鱼鳃、侧线、鱼鳔。大多数鱼是体外交配,公鱼和母鱼同时将它们的生殖细胞排泄到水中。

2. 对鱼的探究

活动一:身边的鱼类。

请学生分享在珠海拍摄的一些鱼类的图片,大家一起来认识一下它们。

活动二:鱼的呼吸。

先用滴管在鱼鳃边滴一小滴墨水,观察鱼鳃的活动,看墨水有没有被鱼吸进去。再用滴管在鱼的嘴边滴一滴墨水,观察墨水有没有被鱼吸进去,从哪里出来。请同学分享发现。

活动三:鱼能辨别颜色吗?

在鱼缸里用一个蓝色小盘装鱼食喂鱼。几天后,你会发现,即使蓝色小盘里面没有食物,鱼儿也会游过来。再往鱼缸内放装有鱼食的红色小盘,但用小棍驱赶小鱼,不让它吃食。多做几次,你会发现小鱼一看到红色小盘,就会浮躁不安,四处逃窜。

实验说明鱼能辨别红色和蓝色。

活动四:鱼如何御寒?

天气渐渐变冷,动物们开始准备过冬了。鱼在寒冷的冬天是如何御寒的呢?

实验材料和工具:捉鱼网、温度计、广口瓶、大碗、冰块、小闹钟、家养鱼。

向广口瓶内加半瓶水,把鱼缸里养的小鱼用捉鱼网捞入广口瓶中。静置30分钟,然后测定并记录每分钟鱼嘴和鱼鳃张合的次数。将广口瓶放入大碗中,再向大碗中加些冰块。等到瓶中的水温降到10 ℃时,再记录下鱼嘴和鱼鳃张合的次数。比较两次测定的结果。

实验中我们看到,水的温度高时,鱼嘴和鱼鳃张合次数多,身体热量散发快;温度降低时,鱼嘴和鱼鳃张合次数少,身体热量散发慢。为了在寒冷的水中生存,鱼通过减少活动、保持身体能量来御寒(呼吸总次数反映了鱼的活动状况)。

活动五:探究鱼鳍的作用。

用细绳分别把各种鱼的鳍缚在身上(也可用透明胶),再放到水里,观察鱼的反应。

请同学分享发现。

活动六:钓鱼活动。

组织学生亲历一次垂钓活动,并且分享钓鱼的经历。

活动七:养鱼。

饲养几条小鱼,并且注意饲料投放、光照、换水和放养密度等问题。

活动八:调查鱼的营养价值。

请你查阅书籍、上网或访问营养专家,了解有关鱼的营养价值,撰写并分享研究报告。

活动九:撰写研究小论文。

例63　鹦鹉

【活动指导】

鹦鹉是一种有着美丽无比的羽毛,善学人语技能的鸟类,为人们所欣赏和钟爱。

本课例分2部分,第1部分简单概述鹦鹉的生活习性、种群现状、生长繁殖的特点,让学生对鹦鹉有一个系统的认识。

第2部分是引导学生对鹦鹉进行观察研究活动。活动一引导学生观察鹦鹉的外部形态。活动二探究鹦鹉喜欢吃哪种食物。活动三是饲养鹦鹉,培养学生持之以恒的意志力和对鸟的爱心。

【活动案例】

1. 认识鹦鹉

鹦鹉以其美丽无比的羽毛,善学人语技能的特点,为人们所欣赏和钟爱。鹦鹉一般以配偶和家族形成小群,栖息在林中树枝上,自筑巢或以树洞为巢,一般食浆果、坚果、种子、花蜜。鹦鹉的平均寿命为 50 ~ 60 岁,大型鹦鹉可以活到 100 岁左右。

2. 对鹦鹉的探究

活动一:观察鹦鹉。

请你观察各种鹦鹉,并拍摄下来,与大家分享。

活动二:研究鹦鹉喜欢吃哪种食物。

分别给鹦鹉各种水果、蔬菜、种子(稻谷、小麦、米粒、瓜子)以及面包、米饭等,观察它们喜不喜欢吃。分享你的发现。

活动三:饲养鹦鹉。

在家里的阳台成对饲养鹦鹉。在固定时间给予固定的食物量。常喂给稻谷、小米等饲料,还可加喂麻籽、葵花籽、牡蛎粉、叶菜和水果。笼底应铺细砂,并及时清理粪便,保证笼内清洁卫生,食罐、水罐应每天刷洗 1 ~ 2 次。分享展示饲养心得。

例 64　蝗虫

【活动指导】

本课例引导孩子们深入观察研究蝗虫,拓展学生的知识面,获得亲身经历研究小动物的体验,培养他们对所研究动物的兴趣。

本课例分 2 部分,第 1 部分简单概述蝗虫的生活习性、生长发育的特点,让学生对蝗虫有一个系统的认识。

第 2 部分引导学生对蝗虫进行观察研究活动。活动一引导学生观察蝗虫的外部形态。活动二探究蝗虫怎样吃草,通过实验了解蝗虫怎样吃食物。活动三探究蝗虫眼睛的秘密。活动四研究蝗虫气门的呼吸作用。活动五探究"不同材质的地面对蝗虫跳跃有什么影响"。活动六探究蝗虫在生态链中的价值与作用。进行科学探究后引导学生写科学小论文。

【活动案例】

1. 认识蝗虫

蝗虫是昆虫纲、直翅目、蝗科与螽斯科昆虫的总称。全世界蝗虫种类超过 12 000 种,分布于热带、温带的草地和沙漠地区,是大多数农作物的重要害虫,以植物叶片为食,拥有强而有力的后腿,可利用弹跳来避开天敌。

2. 对蝗虫的探究

活动一:观察蝗虫。

观察各种蝗虫的形态特征,把你观察到的蝗虫拍摄下来或画下来。

活动二:观察蝗虫怎样吃草。

观察蝗虫在草地里怎样吃草,再抓一只蝗虫放到瓶子里观察。

(1)到草地观察蝗虫吃草。

(2)把蝗虫抓回来放在玻璃瓶里喂草。

①把草叶横放在瓶底,观察蝗虫吃草。

②把草竖放在瓶里,观察蝗虫吃草。

③把草架空横放在瓶里,观察蝗虫吃草。

与同学们一道分享你的发现。

活动三:蝗虫眼睛的秘密。

用胶布分别蒙住蝗虫的复眼和单眼,然后看蝗虫能不能从黑盒子的小孔里爬出来。

(1)在纸盒的一侧开一个比蝗虫略大一些的小洞,再用墨水将纸盒的内壁全部涂黑。

(2)把3只蝗虫放进纸盒,观察它们能否从小洞中爬出。

(3)用胶布蒙住一只蝗虫的两只大眼睛(复眼),蒙住另一只蝗虫两眼之间的3个小小隆起的部分即单眼。

(4)再把这3只蝗虫放入盒子里,盖紧盒盖。

(5)观察蝗虫的反应,哪只能从小洞爬出来? 哪只不能? 分析原因。

(6)再将蝗虫用胶布蒙住眼,再放回盒内,观察蝗虫是否能从小洞爬出来?

分享你的发现。

活动四:蝗虫气门的作用。

仔细观察蝗虫的胸部和腹部,可以在左右两侧找到排列得很整齐的一行小孔,这就是气门。

取两只活蝗虫,分别放进两个盛满水的透明杯里,一只把头浸没在水里,另一只把胸腹部完全浸没在水里而只露出头部。

分享你的发现。

活动五:蝗虫跳跃的远近与什么有关?

让蝗虫在不同的板面上跳,量它跳跃的距离。

(1)用一条细绳捆住蝗虫的腰部。

（2）把它分别放在泡沫板、沙发、木板、水泥地板和草地上。观察蝗虫是怎样跳的和跳多远。

（3）用尺子量出蝗虫在各不同的材质上跳跃的距离。

分享你的发现。

活动六：探究蝗虫在生态链中的价值与作用。

任何生物都是自然界的一员，如果把我们人类所谓的害虫都消灭了，会出现什么情况呢？请你查阅资料分析这个问题。与同学分享调查报告。

撰写探究蝗虫的论文，内容可包括研究的目的、研究的内容、研究的方法、研究的过程与记录、我的收获等。

例65 猫

【活动指导】

猫温顺可爱，学生在日常生活中很可能已经和猫有过亲密的接触，对猫已有一些初步的了解，这对了解哺乳动物，开展科学的探究是最好的切入点。

【活动案例】

1.认识猫

介绍猫在远古时也是野生的，在被人类饲养后，已失去了野性，变得温顺可爱，但还保留着捕鼠和鱼的习性。猫的身体特征分外部形态及内部构造，均以图并配以注释的形式介绍。从5个方面对猫的生活习性作介绍：昼伏夜出；好奇心强，警惕性高；酷爱干净；善于攀爬；春秋换毛。

2.对猫的探究

活动一：猫的外部形态、生活特点。

引导学生寻找、观察不同种类的猫，或到小区、到宠物店等地拍下相片，或看书、上网搜集图片，通过交流，使学生们认识更多的猫的种类。

活动二：特别的眼睛。

猫的眼睛很特别，瞳孔的大小会随着光线变化而变化，但到底是如何变化的？原因是什么？通过活动引导学生首先利用自己已有的知识经验去尝试解决问题，再去验证，去发现，获得新的体验。

设计实验让学生观察：(a)猫的瞳孔在早、中、晚的变化分别为枣核形、一条线、圆孔状(黑暗处还会发出绿光)，所以猫的瞳孔是随着光线的强弱而变化的。(b)用手在它面前晃动时，猫的眼会随着物体转动；当把物体放前放后时，它眼睛的瞳孔会跟随着距离的远近而自动调焦。(c)当猫处在一个安静的环境，突然听到较响的声音时，因为受到惊吓，瞳孔也会放大。

活动三：胡须的作用。

学生通过观察看到，当猫来到大小不同的两个小洞前，想要钻进去时，胡须都会动，胡须以圆弧状摆动，似乎在测量范围。结果猫进了一号洞。测量猫的胡须与肩宽的长度发现，胡须与肩宽的长度接近。通过比较、思考可知，由于猫的胡须与肩宽的长度接近，胡须画出的范围，也大概是身体能通过洞口的范围。这时胡须的功用就宛如高性能的天线。

撰写并分享研究猫的小报告。

活动四：养猫。

此活动分两个内容：养猫需要注意的问题；谈谈养猫心得。

其他探究活动参考选题

(1)为什么在夜晚时,我们看到猫的眼睛会发光呢?

(2)猫的耳朵为什么会这么灵敏?

(3)猫的舌头有什么特点和作用?

(4)猫是怎样表达情感的?

(5)猫的叫声有什么特点?

(6)猫是如何捕捉老鼠的?

(7)宠物猫和流浪猫在习性上有区别吗?

例66 狗

【活动指导】

狗是人类最忠实的朋友,它也是饲养率最高的宠物。因此,狗又是孩子们探索生命科学很好的对象。

【活动案例】

1.认识狗

先概述介绍狗的别称。狗是狼的近亲,介绍狗为什么会被人类饲养并成为人类的好朋友的原因。分析狗的身体特征分外部形态及内部构造。本部分从 5 个方面对狗的生活习性作介绍:领域观念强;肉食为主,杂食为辅;嗅觉敏锐;有喜怒哀乐;天生胆小。从狗的繁殖生长知道,一般哺乳动物要经过交配,受精卵在母体里经过一段孕期,小宝宝才能出生。出生后的小宝宝需要吮吸母乳,慢慢才会长大。

2.对狗的探究

活动一:观察狗的外部形态。

引导学生寻找、观察不同种类的狗,或到小区、到宠物店等地拍下相片,或看书、上网搜集图片,把对狗的观察记录下来。

你还认识哪些狗? 请拍下它们的相片。

活动二:养狗。

饲养狗要注意的问题:

(1)狗是以肉食为主的杂食动物,要辅以素食成分,比如蔬菜等粗纤维食物(最好把蔬菜切碎或煮熟),以保证狗的营养均衡。

(2)对狗进行适当的行为训练,教它一些基本规范。

(3)外出时,使用颈圈和牵引带,避免狗走失,同时防止意外伤人情况的发生。

谈谈你的养狗心得。

活动三:观察狗的嗅觉。

我们要研究的问题:狗的嗅觉如何?

探究过程:

(1)摆上3样食物(醋、酒、肉,用纸盒把食物分别装起来),让狗选择。

(2)趁其不备拿走狗选择的喜欢的食物,并用塑料袋把食物包起来,放在它看不见的、远一些的地方,看狗是否能找到。

(3)把装着食物的纸盒或平时狗爱啃的骨头,先让它闻一下,再埋到室外的泥土里(注意:埋的地点不能让狗看见),看狗是否能找到。

(4)在狗选择的食物上倒上酒,再把食物埋到室外的泥土里,看狗是否能找到。

活动四:观察狗的表情。

我们要研究的问题:狗真的能像人一样具有喜怒哀乐吗?它又是怎样表达情感的?

我们的猜想:狗能通过尾巴表达情感,但身体其它部位不能确定。

探究过程:

(1)给狗吃它喜欢的食物。

(2)观察狗见到熟人与陌生人时的反应。

(3)做出要打它的样子。

(4)狗想亲近你时,你故意不理它。

把你的观察记录在下面的表格中。

部位 过程	头部					身体四肢	叫声	毛发	尾巴	猜测表达的情感
	耳	眼	鼻	唇	齿					
(1)										
(2)										
(3)										
(4)										
……										

其他探究活动参考选题

(1)狗是怎样找到回家的路的?

(2)狗为什么睡觉时总爱贴着地面?

(3)狗是怎样通过舌头来散热的?

(4)狗真的会唱歌吗?

(5)狗是怎样和同伴打招呼的?

(6)狗和猫对情感的表达有什么相同和不同之处?

例 67　海上国宝——中华白海豚

【活动指导】

中华白海豚是我国一级重点保护的濒危野生动物,也是世界级濒危野生动物。珠海的水域恰好有这种珍稀水生哺乳动物,利用这一资源让学生进行生命科学的探究。

【活动案例】

1. 认识中华白海豚

中华白海豚生活在水里,外形非常像鱼,容易让人误以为它是鱼类。首先给学生呈现一些图片,并提出问题"你知道在这水中畅游的海豚并不是鱼类吗?"来引发学生的好奇之心,激发起他们探究的欲望。图片旁边的方框里分列了中华白海豚的种属、分布、体重及爱吃的食物。向学生介绍在珠海能看到中华白海豚几率较高的几个地点,以及学生可以长期观察、调查的地点——淇澳基地。

介绍中华白海豚身体的外部形态,以形象的图片,介绍中华白海豚身体各个部位的名称。本部分从学生对中华白海豚感兴趣的、好奇的地方着手,分别从会变色的皮肤,用肺呼吸、会喷水柱,雷达般的定位系统,边睡边游,独特的生产方式 5 个方面介绍中华白海豚奇妙的特性。

2. 对中华白海豚的探究

活动一:观察中华白海豚的外部形态。

引导学生到大自然、到海豚馆(淇澳基地)观察,或看书、上网搜集图片,了解中华白海豚。对自己认为有趣或感兴趣的地方来张特写图片,有利于孩子们对中华白海豚外部特征的观察与分析。

活动二:探究中华白海豚为什么会喷出雾状水柱。

当学生看到中华白海豚在水中喷出雾状水柱这一有趣的景象时,心中同时也可能会产生疑问——为什么会有如此奇特的景象呢?

本活动涉及到物理知识,旨在让抽象的物理概念与日常生活中喜闻乐见的现象相联系,使学生认识到原来科学研究的内容就存在于我们的身边,以激发学生的学习兴趣和欲望;运用身边的简单器材让学生通过实验探究中华白海豚喷水的原理,从而学习科学探究的方法、过程,同时体验探究性学习的乐趣。

活动分4个部分:

(1)先来做个小实验,看看它对你有何启发。这部分内容包括准备实验器材、实验步骤两方面,实验的每一个步骤,均配以直观的插图,每一幅图下都有文字解说,增强了实验的直观性和可操作性。学生可以观察到向瓶中快速注入空气时,水便从塑料管中喷出来。

(2)观察和记录。目的是使学生养成在实验中注意细心观察并作好记录的好习惯,为下一部的研究提供依据。

(3)你联想到了什么? 引导学生根据已有的知识经验(学生在小学三年级下学期已初步学习过空气压力的知识),去思考,去归纳,去解决问题。通过提示,为学生提供思考的方向,引发学生通过思考,明白瓶子相当于海豚的胸腔,用打气筒把空气注射到塑料瓶里,使瓶内气压增大,促使塑料瓶内的水喷出吸管。由此明白,中华白海豚是用肺呼吸的,它们每次潜入水中都要憋一口气。当它浮上水面换气时,先要把肺中含有大量二氧化碳的气体排出体外。由于胸腔内强大的压力,使强有力的气流冲出呼吸孔时,带着海水喷到空中,同时排出的气体温暖而潮湿,遇冷迅速凝结成小水珠,这样就形成雾状水柱。

在这个实验的基础上,我们还可以引导学生去做空气遇冷变水珠的实验、热空气与冷空气对压力的影响等实验,开拓孩子的视野。

在第(3)部分还增加了"和你想的一样吗?"这部分内容,目的是让学生对照自己的想法。

(4)联想与巩固。让学生回想在生活当中,哪些事物也应用了海豚喷出雾状水柱的原理,巩固所学到的原理,拓宽学生的思路,为将来创作发明打下基础。

活动三:探究相隔几千米的海豚为什么能交流。

声音是人们交流信息的重要渠道,是日常生活中经常接触到的物理现象。可是根据我们已有的经验,如果不凭借通信器材,人的声波难以传送到千米之外。那么,相隔几千米的海豚为什么能交流呢?

本活动涉及物理知识(声音的传播),目的是通过对海豚的探究活动,让学生明白物理知识与生活非常接近,在实验中体会到声音是由物体的振动产生的。分子与分子之间都隔着一段距离,水分子之间相隔的距离比空气分子要小得多,因而,水传送声音的本领比空气大得多。

(1)实验中轻敲桌面,把手分别放在装了水的球及装了空气的球上进行对比,感受得出装了水的球比装了空气的球的震动要大。分别将耳朵贴着这两个球,然后敲打桌子,倾听敲打声并进行对比,得出耳朵贴着装了水的球比装了空气的球所听到的声音更清晰。

（2）学生从实验的现象,思考推理出:声音能传到我们的耳朵,是因为周围的空气的振动。空气中含有很多微小的粒子,即空气分子,分子与分子之间都隔着一段距离。在我们的实验中,由于装了水的球中水分子之间相隔的距离,比空气要小得多,因此它们传送声波要容易得多。所以,"水球"声音更清晰。由于水传送声音的本领比空气大得多,所以海豚能在几千米以外与同伴进行交流。

（3）当然,我们还可以进一步引导孩子进行更深入的探讨。如:声音在空气中的传播还与什么因素有关? 空气分子和水分子是如何运动的? ……

例68 横琴蚝

【活动指导】

选择珠海本土产的横琴蚝作为研究对象,就是利用和发挥我们身边现有的资源,以激发大家探索自然界生物的奥秘的目的。

活动的第1部分,让大家了解蚝的相关知识,让大家对蚝有一个基本的认识。尤其是介绍珠海横琴蚝的一些特别之处,可以选择展示横琴蚝的图片,激发大家进一步探索的兴趣。

活动的第2部分,引导大家对蚝进行观察和研究。活动一了解横琴蚝生态园的地理位置和美丽风光,在当地采集观察蚝。活动二引导学生细致观察蚝的外表形态特征和内部形态特征,并设计相关的实验让大家去完成。活动三先介绍横琴蚝的养殖方法,让学生了解横琴蚝的生活习性,探究横琴蚝与当地的水质、水温的关系,寻找横琴蚝与其他地域的蚝的区别。

【活动案例】

1. 认识横琴蚝

珠海生长的蚝主要是近江牡蛎,环生同心鳞片,幼体者鳞片薄而脆,多年生长者,鳞片厚而坚。内表面白色,边缘有时淡紫色。质硬、断面层状明显,厚 2~10 毫米。无臭,味微咸。

横琴蚝生活在横琴周边的海域,含有海洋生物特有的多种活性物质及多种氨基酸,肉味鲜美、营养丰富,是一种极富有营养和食疗价值的高级海产品。

2. 对横琴蚝的研究

活动一:观察横琴蚝。

走进横琴蚝生态园,扑面而来的是整个幽静、秀逸的氛围。让人心醉的是这里水和绿衬托出的海岛风情:木屋、栈桥、渔船点缀着波光粼粼的湖面。踏上生态园的小径,就会沉浸在美好的童年的回忆里。更让人浮想联翩的是千亩养蚝场中的蚝生活鲜健,养精蓄锐般地等待我们的大驾光临。看到壮观的蚝场,大片大片的蚝,我们情不自禁地收集起大大小小、不同颜色的蚝,开始了我们的探究之旅。

活动二:探究横琴蚝的形态特征。

大大小小的生蚝就在眼前,究竟哪种模样的蚝的味道会更胜一筹呢?于是,我们按照设计好的步骤开始了观察。

(1)观察蚝的外部形态。实验工具:放大镜、记录本、尺子、钩秤、小刀、锤子等。实验方法:直接测量。

实验步骤:

①肉眼观察新采集的蚝,观察其外观附着的东西、外部壳的颜色。

②用手触摸一下,触感如何? 闻一闻它的气味。

③用尺子量一下蚝的长度,看看它的形状是怎样的。

④用带来的钩秤称一下蚝的重量,填在下面的表格中。

⑤完成以下表格。

蚝的外部形态					
颜色	大小	形状	手感	轻重	气味

(2)观察蚝的内部。

①用小刀和锤子试着将蚝壳敲开,观察 2 片蚝壳之间是怎么关联的。

②用手触摸一下蚝肉,触感是怎样的? 打开蚝壳之后,开始用肉眼观察蚝肉的颜色、形状、大小,以及蚝壳内部的颜色。

③用放大镜观察蚝肉的细微结构;闻一闻蚝肉的气味。

④还要称量一下蚝肉的重量,计算一下蚝壳和蚝肉重量的比例。将观察记录在下面的表格中。

蚝的内部					
壳内颜色	肉体大小	肉体形状	蚝肉手感	蚝肉轻重	蚝内部气味
蚝壳和蚝肉重量比					

活动三:探究横琴蚝与当地的水质、水温的关系。

经过调查,原来横琴蚝民采用了筏式养成中的吊绳养殖方式。可以将固着蛎苗的贝壳用绳索串连成串,中间以 10 厘米左

169

右的竹管隔开,吊养于筏架上。也可以将固着有蛎苗的贝壳夹在直径3~3.5厘米的聚乙烯绳的拧缝中,每隔10厘米左右夹1壳,垂挂于浮筏上,一般每绳长2~3米。

横琴蚝得到蚝民们精心的照顾的同时,它的生长还受其他什么因素的影响呢? 蚝的生长情况和水温变化究竟有多大的关系? 我们开始一个小小的试验。

(1)不同的水温对蚝生长的影响。查找相关资料:蚝的生长会受到温度的影响,为杂食性,以细小浮游生物为食。准备试验材料:500毫升烧杯(4个)、新鲜海水、温度计(4支)、蚝(4只)。

活动过程:

①在4个烧杯中分别放入300毫升(等量)的新鲜海水,同时烧杯中分别插入温度计。接下来在每个烧杯中分别放入大小、种类、采集地点相同的幼蚝。

②给4个烧杯分别贴上不同标号的标签,标号分别是1、2、3、4。将4个烧杯分别放在不同温度的环境下:1号烧杯放在房间桌面上(室内温度);2号烧杯放在户外一个安全的地方(室外温度);3号烧杯放在一盏固定的台灯下(灯照下的温度);4号烧杯放在冰箱里(冰箱内的保鲜温度)。

③半小时后记录温度计显示的温度。

④每隔一天换一次海水。在换水的时候注意,保证换水前后各个烧杯中水温均不变。

⑤每天记录各个烧杯中的水温,并观察记录蚝的生长情况。填入下表。

烧杯	1 号	2 号	3 号	4 号
水温				
蚝生长情况				

观察活动持续 1 个月左右,根据记录的蚝生长情况归纳总结水温对蚝生长情况的影响,完成下面的表格。

不同水温对蚝生长情况的影响				
温度	冰箱保鲜温度	灯照下的温度	室内温度	室外温度
蚝生长情况				

(2)不同水质对蚝生长情况的影响。其实,蚝的生长不仅仅和水温有关,和水质也有莫大的关系,盐度对蚝的生长也是至关重要的。蚝适宜生长的盐度是 10% ~25%,为杂食性,以细小浮游生物为食。我们一起来做个水质影响蚝的生长情况的试验。

试验材料:500 毫升烧杯(4 个)、新鲜海水、河水、自来水(将自来水放在容器中静置 1~2 天,让氯气挥发)、矿泉水、蚝(4 只)、温度计。

活动过程:

①给 4 个烧杯分别贴上不同标号的标签,标号分别是 1、2、3、4。

②在 1 号烧杯中放入 300 毫升自来水;2 号烧杯中放入 300毫升矿泉水;3 号烧杯放入 300 毫升海水;4 号烧杯放入 300 毫升河水。接下来在每个烧杯中分别放入大小、种类、采集地点相同的幼蚝。

③把 4 个烧杯分别放入相同的环境中。

④每隔一天换一次水,换水的时候保证所换的水的温度要相同。

⑤每天记录各个烧杯中的蚝的生长情况,并记录环境温度。

烧杯	1 号(自来水)	2 号(矿泉水)	3 号(海水)	4 号(河水)
蚝生长情况				

⑥观察活动持续 1 个月左右,根据记录的蚝的生长情况归纳总结不同水质对蚝生长情况的影响。

不同水质对蚝生长情况的影响				
水的种类	自来水	矿泉水	海水	河水
蚝生长情况				

横琴地处咸淡水交接之处,水的咸度常年维持在 15 度左右,正是最适合蚝生长之地。横琴蚝得此地利,蜚声全国。横琴蚝的养殖方法见下表。

时间	目的	做法
养成期间	避免牡蛎被淤泥窒息死亡,促进牡蛎的生长	翻石(移石),也就是移动一下蛎石的位。一般养成期间翻石 2~3 次
多雨季节	防洪	预防洪水流入,或围堤挖沟抗洪,或将牡蛎移向高盐的深水海区进行暂养
冬季结冰期	越冬	将可能受到威胁的牡蛎向深水移殖,使其安全过冬

续表

时间	目的	做法
收获前1~2个月	肥育	将牡蛎移到优良肥育场肥育,以达增产的目的
	防止人为践踏	滩播牡蛎只能在滩面上滤水摄食,一旦陷入泥中就无法正常生活而窒息死亡。应严禁随意下滩践踏,管理人员下滩时应沿沟道行进
	防水温过高、敌害潜居、浮泥深沉等造成牡蛎死亡。	疏通沟道,经常检查排水沟道是否畅通,退潮后滩面应尽量不积水
7~9月份红螺、荔枝螺繁殖盛期	除害	牡蛎的敌害很多,要结合翻石进行清除,应潜水捕捉其亲贝及卵袋。在蟹类活动频繁的季节里,加强管理,捕捉敌害
台风季节	防风	台风对养殖设施破坏很大,还会卷起泥砂埋没固着器及牡蛎。因此,台风过后要及时抢救,修理筏架,扶植倒下或埋没的固着器

　　看来横琴蚝的芳名远播得益于享有得天独厚的地理条件之外,还归功于蚝民们精心的照顾和长年累月积累下来的宝贵经验。

例69 蜗牛

【活动指导】

在菜地、屋角、田野等潮湿的地方都会看到蜗牛慢悠悠的身影,选择蜗牛作为研究对象,就是希望通过学生深入的观察研究,激发他们探究蜗牛的兴趣。通过小组活动,使学生学会分享共同的劳动成果,学会相互合作。

"认识蜗牛"可以这样开展活动:首先让学生通过查阅资料,了解蜗牛的生活习性、形态结构、生长繁殖等特点,让他们对蜗牛有一个系统的认识。

活动的第2部分分成几个活动,引导孩子们对蜗牛进行观察研究。活动一让孩子们自己动脑、动手到校园里寻找并收集蜗牛,初步了解蜗牛的生活习性。活动二让孩子们对蜗牛进行更深入直观的了解,设计出有趣的实验吸引孩子们动手去做。活动三通过各种有趣的实验探究蜗牛的生活习性、生活环境、身体特征。活动四让学生对整个研究过程进行小结,把自己感兴趣的有关蜗牛的资料收集记录到自己制作的资料卡上,巩固所掌握的知识。

【活动案例】

1.认识蜗牛

蜗牛的整个躯体包括眼、口、足、壳、触角等部分,身背螺旋形的贝壳,其形状、颜色大小不一。

蜗牛喜欢在阴暗潮湿、疏松多腐殖质的环境中生活,昼伏夜出,最适合环境温度为 16 ~ 30 ℃(23 ~ 30 ℃时,生长发育最快)。蜗牛觅食范围非常广泛,各种蔬菜、杂草和瓜果皮等等都是它的食物。

2.对蜗牛的探究

活动一:捉蜗牛。

(1)做好准备工作。我们要做哪些准备?

①需要一些什么工具?(教师提供每组一个饲养盒)

②估计什么地方能捉到蜗牛?(校园的花坛、草坪等处)

③捉蜗牛时,要注意什么?(安全、爱护环境)

(2)分组到校园里捉蜗牛。以小组为单位,到生物园里、角落里……潮湿的地方寻找蜗牛。

(3)捉回蜗牛后汇报交流。汇报内容为:你是在什么地方捉到的?捉到时它是怎样的?(有些蜗牛躲在壳里休眠,有些身子露在外面爬行)

(4)把蜗牛分别放在干燥、潮湿的瓶子里,并同时都用灯光照射,另外不时地给潮湿瓶子里的蜗牛加水。经过几天的观察,发现了什么?并填写好观察报告(见下表)。

	第1天	第2天	第3天	第4天	第5天
干燥瓶子里的蜗牛					
潮湿瓶子里的蜗牛					

活动二:初识蜗牛。

(1)把捉到的蜗牛拿出来,放在玻璃片上,仔细观察。观察内容有:

①如果蜗牛躲在壳里怎么办?放进水里浸泡一会会发现什么变化?

②蜗牛的背上有什么？它软硬如何？像什么？（螺旋）

③蜗牛的头上有什么？触角有几对？这几对触角一样吗？

④蜗牛的身体是怎样的？用手摸一摸。

⑤让蜗牛在玻璃上爬行,观察它是使用什么爬行的？

(2)用自己的话来描绘蜗牛的外形。

(3)读儿歌:蜗牛身体软绵绵,背上硬壳像螺旋,头上触角有两对,他的腹足扁又宽。

(4)动手把可爱的蜗牛形象画出来。

活动三:研究蜗牛。

(1)从你们捉蜗牛的活动中,你发现蜗牛喜欢什么样的生活环境？

①潮湿的还是干燥的？

②是温暖的还是寒冷的？

③喜欢阳光还是阴暗？

④喜欢单独生活还是群居？

(2)蜗牛喜欢吃什么呢？我们怎样来喂养它？

(3)同学们以小组为单位,找来一片白菜叶子、半个馒头和几只死苍蝇,然后捉来几只蜗牛,把它们放在这些食物面前,观察蜗牛朝哪个方向爬去？它们爱吃什么？探讨蜗牛是益虫还是害虫。

(4)自由观察蜗牛,但要注意安全。活动后将蜗牛放归原地,看看还能发现什么。如果还有不懂的问题,自己想办法找答案。

活动四:制作资料卡。

(1)搜集蜗牛的资料。通过查书、上网等方式搜集有关蜗牛的资料。

(2)制作资料卡。将自己感兴趣的有关蜗牛的资料,或者把自己提出问题并用恰当的方式找到解决问题的答案,记录在资料卡上。

(3)交流资料,评选优秀活动者。

例70 鸽子

【活动指导】

本课例首先介绍家鸽是由野鸽驯化而成的,以及当今信鸽的比赛概况,让学生了解人们养鸽和训练鸽子比赛的情况。通过展示形形色色的鸽子的实拍图片,使学生对探究鸽子产生浓厚的兴趣。

对鸽子的探究部分,主要从以下方面来进行:活动一让学生拍摄鸽子或画鸽子,能使学生对鸽子的外部形态有比较全面的认识。活动二引导学生从各方面观察鸽子的习性,促使学生亲近鸟类,了解鸟类,从而爱鸟。活动三探究鸽子最喜欢吃什么,实验中要控制好"鸽子饥饿时"和"半饿时"两种情况进行实验,不然实验的效果不明显。活动四探究鸽子的记忆力。活动五研究鸽子为何能从远处飞回家,这个实验是验证科学家的推论。活动六训练鸽子归巢,这是很有趣的活动,可以请养鸽子的人指导帮忙。活动七撰写有关鸽子的小论文。

【活动案例】

1. 鸽子

家鸽由野生鸽驯化而成。据有关史料记载,早在 5 000 年以前,埃及和希腊人已把野生鸽训练为家鸽了。鸽子吃谷类植物的子实,一般不吃虫子等肉食。但吃石子,这与鸽子特殊的消化系统有关。鸽子的肌胃很坚韧,胃壁肌肉发达,内壁有角质膜,石子贮存在胃腔内。食物进入肌胃后,胃壁肌肉收缩,角质膜、石子、食物相互摩擦,把食物磨碎。

2. 对鸽子的探究

活动一:在你的周围有鸽子吗?请用相机拍摄鸽子的照片,或把它画下来。

活动二:观察鸽群的生活习性,并记录在下表中。

(1)食物:

(2)活动特点:

(3)对刺激的反应:

(4)对鸽舍的要求:

(5)对水的需求:

(6)与其他鸽子的相处:

(7)繁殖方面:

……

活动三:怎样才知道鸽子最喜欢吃什么?

先猜测鸽子最喜欢吃什么。

实验方法:在鸽子饥饿和不是很饿时,同时给出各种食物,看鸽子的反应。

探究过程:

(1)在鸽子饥饿时,同时给出大米、玉米、麦子、大豆、稻谷、青菜、萝卜、虫子、肉、虾,看鸽子吃什么。连续做3次。

(2)在鸽子半饿时,同时给出大米、玉米、麦子、大豆、稻谷、青菜、萝卜、虫子、肉、虾,看鸽子吃什么。连续做3次。

说说你在实验中有什么发现？说说你对实验的改进方法。

活动四:探究鸽子的记忆力。

实验方法:准备一些鸽子喜欢的食物,分别放在两个碗中,第1次给食时两个碗都不盖,第2次给食时用纸板盖住一个碗,看鸽子会不会打开盖子。

实验材料:剪刀、纸板、稻谷、小碗。

实验步骤:

(1)用纸板剪一个刚好能盖住碗的圆盖子。

(2)把两个小碗都装上半碗稻谷,让鸽子吃。

(3)半天过后,在两个碗里都放上稻谷,给其中一个碗盖上盖子,放在一起让鸽子吃。

你在实验中有什么发现？

4.你可能有更好的方法来验证鸽子的记忆力,请记录在下面的表格中。

我的研究报告
实验材料:
实验过程:
实验结果:
结论:

活动五:研究鸽子为何能从远处飞回家。

科学家们通过观察和试验发现,如果迁飞途中的鸽子遇到功率强大的无线电发射台站,那么它们立即会晕头转向,失去正确的航向。你想验证科学家的推断吗？

实验方法:我们可以在鸽子头顶缚上一块强力的磁铁,看鸽子会不会象碰到电台一样失去正确的返巢方向。

实验过程:

(1)把脚上缠有丝带的鸽子带到较远处,让它自己找路回家。

(2)再把鸽子带到原来的地方,在它头顶缚上一块强力的磁铁,让它自己找路回家,并跟踪其后,看它的表现。

总结实验结论。

活动六:训练鸽子归巢。

鸽子有较强的归巢能力。归巢能力指一只幼小的鸽子在一个地方长大后,把鸽子带到很远的地方,它仍然能找回它原来的老巢。为了证明上述的说法,你打算怎样做?

实验方法:

(1)先在小鸽子脚上缠一条丝带以便识别,再带它到离棚不远的地方,让它自己找路回家。

(2)把鸽子带到较远的地方,让它自己找路回家。

(3)不断增加路程,让鸽子自己找路回家。

你在实验中有什么发现?

活动七:撰写有关鸽子的小论文。

例71　龟

【活动指导】

龟是一种很有趣的动物。本课例选取了学生们感兴趣的龟作为素材。

本课例第1部分概述乌龟在进化史上的地位、乌龟明显的特征和种类。接着介绍乌龟的形态特征、生活习性及繁殖状况,学生互相分享形态独特少见的乌龟,激发学生对认识龟的兴趣。

第 2 部分是对乌龟的探究。活动一分享各种各样的乌龟图片。活动二为饲养乌龟。乌龟的生活习性与气候关系密切,每年 4 月初开始摄食,6~8 月摄取食物活动达最高峰,增重速度最快,至 10 月气温逐渐下降,当气温降到 10 ℃以下时,则停止摄食,进入冬眠期。所以喂食时应根据乌龟的生长特点来进行。活动三中观察乌龟翻身是很有趣的,从中可以获得启发。身处绝境的乌龟如此冷静,竟然思考出了一套翻身的方法。活动四查阅资料了解海龟为什么会流眼泪。通过引导学生查阅资料获得答案:海龟在海里只能喝海水,海水里的盐分必须排出体外,它没有完善的肾脏,它只能靠眼边的腺体排除盐分,所以它不停的流泪。活动五了解人们从乌龟身上得到什么启发。一千多年前一个盛夏的早晨,有位埃及音乐家莫可里,在尼罗河边悠闲地散步。偶然间,他的脚踢到一个什么东西,发出的声响非常悦耳。他捡起来仔细一看,原来是一个乌龟壳。莫可里拿着乌龟壳兴冲冲地回到家里,仔细端详,反复思索,不断试验,终于根据龟壳内的空气振动而发声的原理,制造出了世界上第一把小提琴。通过了解这些知识,可以启发学生了解仿生学知识。

【活动案例】

1. 认识乌龟

龟,俗称乌龟,泛指龟鳖目的所有成员,是现存最古老的爬行动物。乌龟以鲜嫩植物或小动物为食。能够长期禁食,生命力非常强。乌龟是一种变温动物,在气温 15 ℃以上时,活动正常且大量摄食,而气温在 10 ℃以下时则进入冬眠状态。在龟类王国里,不同龟种的寿命长短不一,一些乌龟只能活上 15 年左右, 有的乌龟则能活 100 岁以上。

2.对乌龟的探究

活动一:请你把观察到的龟拍摄下来,并做成幻灯片与大家分享。

活动二:喂养乌龟。

(1)在玻璃缸里装些水,水不要盖过乌龟的整个身体,并放些沙子和鹅卵石。

(2)春秋季宜在上午 8~9 时投喂饲料。夏季宜在下午 16~17 时进行喂食。喂它们吃小鱼、蜗牛、玉米等。在投喂玉米之前,须先将玉米等压碎,浸泡 2 小时左右。喂食过后,要及时清除剩残食物。

(3)乌龟每天会排泄,要注意水质的清洁,看到水脏了,就应换水。

(4)每天都让乌龟晒日光,时间不要太长,按季节来判断。

(5)冬天的乌龟会冬眠,也要注意呵护它。

与同学们分享你喂养乌龟的心得。

活动三:观察乌龟翻身。

把乌龟四脚朝天放在地上,观察乌龟的反应。

说说你的发现。

活动四:请你查阅资料了解一下海龟为什么会流眼泪? 乌龟的营养价值有哪些?

活动五:请同学分享"从乌龟到小提琴"的故事。

例72 蝴蝶

【活动指导】

选择常见的蝴蝶作为观察对象,可以加深孩子们对小事物的观察能力,学习蝴蝶的相关知识,提升他们对身边的小动物的研究热情。

本课例第 1 部分,首先让学生认识蝴蝶的基本种类、身体结构、生活习性等特点,进行一系列的事前知识教育。同时需要向学生们展示本地拍到的蝴蝶照片,这样可以在加深学生对理论知识理解的同时,激起学生们的探究热情。

第 2 部分对蝴蝶进行探究。活动一在校园的花木间和学校附近的山边或田野寻找蝴蝶,对其进行拍摄,必要时可分发放大镜让学生们能够更好地进一步观察。活动二带领学生前往荷包岛蝴蝶谷,进行实地探索活动,要求学生们对所发现的蝴蝶进行拍照或记录,并让学生对两地的蝴蝶进行对比。活动三给学生们讲解他们所发现的每一种蝴蝶的基本特征。活动四让学生们寻找自己喜爱的蝴蝶品种,观察该种蝴蝶的特征,包括翅膀、身体、习性、吸食花蜜的方式等,并作好相关记录。活动五带领学生们转移到一个相异的环境(例如由森林处转移到空阔地),然后让学生们寻找蝴蝶,看同样在野外但在不同的环境下蝴蝶的品种与数量是否相差不多,进而让学生们明白蝴蝶的一些基本生活习性。活动六让学生们进行集体讨论,互相交流自己的探究经历,以完善日后总结作文所需的材料。最后,给出"其他探究活动参考选题",引导有兴趣的学生继续深入探索,自己获取更多相关方面的知识。

【活动案例】

1. 认识蝴蝶

蝶,通称为"蝴蝶",全世界大约有 15 000 余种蝴蝶。多数蝴蝶的幼虫和成虫以植物为食,通常只吃特定种类植物的特定

部位。蝶类翅色绚丽多彩,人们往往作为观赏昆虫。蝴蝶翅膀
上的鳞片不仅能使蝴蝶艳丽无比,还像是蝴蝶的一件雨衣。因
为蝴蝶翅膀上的鳞片里含有丰富的脂肪,能把蝴蝶保护起来,所
以即使下小雨时,蝴蝶也能飞行。

2. 对蝴蝶的观察探究

活动一:在本地你看到的蝴蝶有什么特点? 请用你的语言
描述出来。

活动二:在蝴蝶谷内你发现的蝴蝶是怎样的? 请拍下你最
喜欢的一种蝴蝶的照片,并与同学们分享。

活动三:拿着你拍的蝴蝶照片与你在校园里发现的蝴蝶对
比,有什么不同呢? 把你的对比结果写下来吧!

活动四:观察你喜欢的蝴蝶,总结下它们相关的特征。

活动五:经过观察以后,你发现两个不同环境下的蝴蝶的种
群和数量有什么不同? 从中你学到了什么?

写一篇研究小论文,内容可包含研究目的、内容、方法、过程
以及你的收获等。

其他探究活动参考选题

(1)蝴蝶的稀有种类。

(2)世界上最漂亮的蝴蝶。

(3)蝴蝶对冷热环境的选择。

(4)观察蝴蝶的生长过程。

(5)观察蝴蝶的口器吸取花蜜的方式,与蜜蜂的方式对比
一下。

例73 青蛙和蟾蜍

【活动指导】

在日常生活中,学生对青蛙和蟾蜍已有认识,系统的介绍能使学生在头脑中再现蛙类的情景,既为下面进一步研究青蛙的身体特点作了必要的铺垫,又为新知识的学习奠定了基础。

本课例第 1 部分介绍青蛙的生活环境、身体特点、捕食方式、呼吸和繁殖发育。然后简单介绍蟾蜍的药用价值和生活习性,以及生长繁殖。通过小蟾蜍的迁徙图激发学生观察的兴趣。介绍蟾蜍和青蛙吃害虫的情况,引导学生重视爱护蛙类,珍惜生命。

由于青蛙和蟾蜍的蝌蚪不易分清,本课例作了详细介绍,以使学生在日常生活中能准确分辨。

第 2 部分是对蛙类的探究活动。活动一引导学生到野外寻找青蛙,并拍相片或画下来。活动二观察青蛙的外形和活动。首先引导学生观察青蛙的外部形态结构,通过观察知道青蛙的身体有头、躯干、四肢三部分,头部不能转动,因为没有颈部。观察青蛙的觅食过程。活动三观察青蛙的发育。让学生亲自饲养蛙类,以观察它一生的生长发育状况,了解蛙类变态的生长过程。活动四让学生观察青蛙冬眠,感受青蛙冬眠的情景。活动五探究蛙类会不会被水淹死。活动六与活动七是对蟾蜍的研究和调查蟾蜍的药用价值。蟾蜍的药用价值很高,让学生去调查,有利增长知识,锻炼实践能力。

【活动案例】

1. 了解蛙类

青蛙(黑斑蛙)、蟾蜍(俗称癞蛤蟆)等没有尾巴的蛙类,属于两栖纲的无尾目。我国的蛙类有 130 种左右。

青蛙的身体分头、躯干、四肢三部分,皮肤光滑。青蛙用舌捕食昆虫,用肺来呼吸,但还要通过湿润的皮肤从空气中吸取氧气。幼体蝌蚪要通过鳃呼吸,鳃可以从水中获得氧气。因此,幼体只能生活在水中,长大后的青蛙可以到陆地上生活。这就是青蛙很少离开稻田、池塘、水沟等潮湿的地方的原因,因为它们必须使皮肤保持湿润,以帮助呼吸氧气。

蟾蜍一般是指蟾蜍科的 300 多种蟾蜍,最常见的蟾蜍是大蟾蜍,俗称癞蛤蟆。蟾蜍皮肤粗糙,背面长满了大大小小的疙瘩,这是皮脂腺。其中最大的一对皮脂腺是位于头侧鼓膜上方的耳后腺。这些腺体分泌的白色毒液,是制作蟾酥的原料。

2. 对青蛙和蟾蜍的探究

活动一:你认识哪些蛙类?请拍摄它们的相片,也可以把你喜欢的蛙类画下来。

活动二:观察青蛙的外形和活动。

到池塘边或田野里捉一只青蛙回来,用一根细绳的一头系住它的一条腿,另一头系在桌脚,然后进行观察。

探究过程:

(1)观察青蛙的头部结构、身体颜色、花纹等。

(2)用手摸青蛙的皮肤,感觉其表面的黏液。

(3)用小棍子碰一下青蛙,看它怎样跳跃。

（4）观察青蛙的前后脚趾,看看趾间有无蹼。把青蛙放到水盆里,看它是怎样划水、怎样蹬水的。

（5）用一条细绳系住一只活虫,观察青蛙怎样吃虫。观察青蛙的舌根和舌尖的位置。

说说你观察研究的结果。

活动三:观察青蛙或蟾蜍的发育。

春天,在池塘或一些水沟中采集一些蛙卵或捞取几条小蝌蚪,喂养在玻璃缸中,观察它们的发育过程。在玻璃缸中放些水草和小石头。把观察结果记录下来。

活动四:观察青蛙冬眠的样子。

把青蛙放在 5 ℃左右的水里,观察青蛙的活动状态。

探究过程:

（1）在玻璃缸里放些水、沙和小石头。

（2）放进冰块,用温度计测量,使水温为 5 ℃左右。

（3）把青蛙放进冰水里,观察青蛙的反应。

（4）过段时间把水换成常温的水,观察青蛙的反应。

说说你的发现。

活动五:观察青蛙会不会被淹死。

把青蛙放在玻璃缸里养一段时间,看是否能存活。

探究过程:

（1）观察青蛙眼睛下面的两个孔,那就是青蛙的鼻孔。

（2）把青蛙放进装满水的玻璃缸里,里面放些水草和沙石。

（3）用纱布封住玻璃缸口,以免青蛙跳出。

（4）把玻璃缸放在阳台,让阳光晒着水草,以便水草进行光合作用。

（5）密切观察青蛙的反应。

说说你的发现。

活动六：观察蟾蜍的生活习性。

到草丛或沟渠等地方捉一只蟾蜍回来观察它的形态结构。

探究过程：

（1）观察蟾蜍的外部形态。

（2）用小棍子碰一下蟾蜍，看它怎样运动。

（3）观察蟾蜍的口腔，看舌的特点。

（4）把蟾蜍放到水中，观察它的反应。

说说你的发现。

活动七：调查蟾蜍的药用价值。

通过查资料、上网、到药店访问或向医生请教，调查蟾蜍的药用价值。

例74　蟹

【活动指导】

本课例首先介绍蟹的营养价值、生活环境以及种类，接着介绍它的形态结构、食物和繁殖，配以有趣的插图，这样图文并茂，以吸引学生的兴趣。

探究部分首先引导学生观察蟹的生活习性，并记录下来。只有亲自对蟹进行观察，才会对蟹感兴趣，才会对蟹深入研究。研究蟹对光的趋避性、蟹的躲避行为，观察它的打斗行为和蜕壳，旨在指导学生研究小动物的方法，开拓学生的探究思维能力。

【活动案例】

1. 认识蟹

蟹属于节肢动物门中的甲壳纲的动物。全身有甲壳,头胸甲发达,腹部退化,俗称"脐",雄的尖脐,雌的团脐。中央具第1、第2对触角,外侧是有柄的复眼。口器包括1对大颚、2对小颚和3对颚足。有脚5对,横着爬行。第1对脚成钳状,叫螯,用来捕食和御敌。蟹类绝大部分为杂食性。有些蟹类是肉食性,如梭子蟹可捕食鱼、虾及软体动物等。

2. 对蟹的探究活动

活动一:你的家乡有哪些蟹?请拍摄下来,并与同学们分享。

活动二:观察蟹的生活习性,并记录下来。

观察蟹的食物、呼吸、四季活动的情况等。

把你的观察记录下来。

活动三:研究蟹对光的趋避性。

把蟹放在纸箱里,夜晚用手电筒的光从不同的方向照,观察它们的反应。

探究过程:

(1)在一个大的长纸箱中,两边散布食料,里面放几只蟹。只在两侧各留一小孔,中间留一个观察孔。

(2)夜晚天黑后,打开手电筒,突然照射在一侧的小孔上,通过观察孔观察,看蟹是否向光亮处集中。

(3)关灯1~2分钟后再打开手电筒照射另一侧小孔,注意观察蟹是否快速移动,肯定结果后再关闭手电筒。

(4)再等1~2分钟,两侧同时打开手电筒照射,看其如何运动。

注意:每次以中线为准,统计两边的螃蟹数,对两边的数据按有光、无光,作出比较。

说说你的发现。

活动四:研究蟹的躲避行为。

(1)在蟹的栖地吹哨音、开收音机、敲击铁片,做声音的试验。

(2)以木板打击地面,做震动试验。

(3)在1.5米长的竹竿上挂长40厘米、宽30厘米的旗子离地挥舞做阴影试验。

说说你的发现。

活动五:蟹的脚断了还能长出来吗。

使蟹断掉一节腿,观察一周后残留面有无长出一个软的结节,再观察一段时间后看腿是否生长出来。

说说你的发现。

活动六:养两只蟹,观察蟹的打斗行为和蟹是怎样蜕壳的。

例75　蚯蚓

【活动指导】

本课例首先介绍蚯蚓的生活环境以及种类,接着介绍它的形态结构、食物,配以有趣的插图,这样图文并茂,以吸引学生的兴趣。

探究部分首先引导学生观察蚯蚓的生活习性,并记录下来。只有亲自对蚯蚓进行观察,才会对蚯蚓感兴趣,才会对蚯蚓深入研究。研究蚯蚓对光的趋避性,旨在于指导学生研究小动物的方法,开拓学生的探究思维能力。

【活动案例】

1.认识蚯蚓

蚯蚓是对环节动物门寡毛纲类动物的通称。在科学分类中,它们属于单向蚓目。蚯蚓的身体两侧对称,具有分节现象;没有骨骼,在体表覆盖一层具有色素的薄角质层。

2.对蚯蚓的探究

活动一:饲养蚯蚓。

找一个大盒子避光遮盖,放入土壤,加入数条蚯蚓,定期向土壤中添加水和菜叶,观察一段时间。

说说你的发现。

活动二:探究蚯蚓对环境的选择。

材料:长方形扁盒 2 个、黑布、塑料薄膜、玻璃片、蚯蚓 15 条、干土、湿土。

实验方法:提出自己的猜想;将蚯蚓放入半明半暗的纸盒中,观察蚯蚓往那边爬。

将实验数据记录在下面的表格中。

实验次数	在明亮一侧蚯蚓数	在黑暗一侧蚯蚓数	在盒子中间的蚯蚓数	我们的解释
1				
2				
3				

活动三:撰写小论文。

例76 猪笼草

【活动指导】

猪笼草是一种比较常见的、容易观察的植物。选择猪笼草作为研究对象,就是希望通过学生深入的观察和研究,探究猪笼草的相关知识,进而培养学生研究身边植物的兴趣。

首先让孩子们了解猪笼草的生活习性、形态结构,以及可以捕捉昆虫的特点,让他们对猪笼草有一个系统的认识。

活动的第2部分引导孩子们对猪笼草进行观察研究。活动一到本地区寻找观察猪笼草,拍下照片,有兴趣的同学还可以用放大镜去观察并描绘猪笼草。活动二观察猪笼草的颜色,观察猪笼草能否进行光合作用。通过指导学生观察猪笼草的色彩,让学生自己发现平时我们见到的绿色植物和现在见到的猪笼草的颜色区别,并且指导学生掌握什么是光合作用,了解光合作用对我们人类有什么好处。活动三观察猪笼草的繁殖。最后,出示其他探究活动参考选题,旨在引导有兴趣的学生继续深入研究,自主获取有关猪笼草的更多的知识。

【活动案例】

1. 认识猪笼草

猪笼草是有名的热带食虫植物,主产地是热带亚洲地区。猪笼草拥有一副独特的吸取营养的器官——捕虫囊,其捕虫囊呈圆筒形,下半部稍膨大,因为形状像猪笼,故称猪笼草。这类不从土壤等无机界直接摄取和制造维持生命所需营养物质,而依靠捕捉昆虫等小动物来谋生的植物被称为食虫植物。

2. 对猪笼草的探索

活动一：你观察到的猪笼草是怎么样的？请把他们的样子描绘下来。

活动二：观察猪笼草是怎样吃虫子的。

我们要研究的问题：猪笼草是怎样吃虫子的？

我们的猜想：猪笼草是先引诱动物，再把叶子合起来。

探究方法：将猪笼草和一些小虫子放在一起，观察并作记录。

探究过程：

（1）先把猪笼草放在玻璃罩里。

（2）放入一些小虫子。

（3）观察猪笼草是如何诱惑小虫子进它的捕虫器的。

（4）作好记录。

说说你的结论。

活动三：探究猪笼草的繁殖。

我们要研究的问题：猪笼草是怎样进行繁殖的？

我们的猜想：猪笼草可以通过扦插繁殖。

探究方法：使用一段猪笼草的枝条插入泥土中实验。

探究过程：

（1）选取健壮枝条，剪取一叶带一段茎节作为插穗。

（2）叶片剪去 1/2，基部剪成 45°斜面。

（3）用水苔将插穗基部包扎，放进盛水苔和盆底垫小卵石的盆内。

（4）用塑料大口袋连盆和插穗包起来，保持 100% 空气湿度。

（5）约 20～25 天后观察猪笼草是否生长正常。

说说你的结论。

写一篇研究小论文,内容可以包括研究的目的、研究的内容、研究的方法、研究的过程与记录、我的收获等。也可以收集其他科学家研究猪笼草的课外知识,写一篇读后感。

其他探究活动参考选题

(1)猪笼草是什么样子的?

(2)猪笼草的叶子是怎么移动的?

(3)猪笼草吃什么?

(4)猪笼草对我们人类有什么益处?

(5)猪笼草是如何捕虫的?

(6)猪笼草有什么经济价值?

例77 芒果

【活动指导】

作为南方的学生对芒果很熟悉了,所以此课例重点是引导学生去了解芒果的特性与特征、作用、生长环境、分布区域、历史等。

第1部分简单概述芒果的特性与特征、作用、生长环境、分布区域,让学生较系统地了解芒果的特点。

第2部分引导学生对芒果进行研究活动。活动一让学生亲自去观察和发现芒果的生长特点,例如:芒果树叶的特点,结果的月份,成熟的月份等。活动二让学生收集资料,了解芒果的历史。此活动引导学生利用课余时间积极去了解芒果的历史,让南方学生进一步了解芒果的由来。活动三的主旨是让学生联系生活了解食用芒果的注意事项,并把所了解的内容与生活联系在一起,更好地去享用芒果给我们带来的好处。

【活动案例】

1. 概述

芒果为常绿大乔木。芒果营养丰富,具抗癌、清肠胃等功效。芒果性喜温暖,不耐寒霜,生长的有效温度为 18～35 ℃。为喜光果树,充足的光照可促进花芽分化、开花结果。芒果分布很广,世界有 70 多个国家生产芒果,其中 90% 集中在亚洲。

2. 对芒果的探究

活动一:观察芒果的生长过程,其中包括芒果树的外形特点、生长环境、适合芒果生长的温度、芒果的开花时间等,并记录下来。

活动二:收集资料,了解一下芒果的历史。

活动三:请你写一写吃芒果时要注意什么?

写一篇研究小论文,内容可包括研究的目的、研究的内容、研究的方法、研究的过程与记录、我的收获等。

例78 芦荟

【活动指导】

为了引导学生深入了解芦荟,本课例设计了一个"认识了解——种植观察——制作果汁——芦荟美容"的综合实践活动,让学生亲身体会"芦荟全身都是宝"。

本课例第 1 部分简单概述芦荟名字的由来、生活环境、外形特点、种类和繁殖方法,让学生们对芦荟有一个系统的认识。接着结合珠海的实际情况,介绍几种常见的芦荟。珠海还有哪几种芦荟?引导孩子们出去找一找,看一看,查一查。

第2部分引导学生对芦荟进行观察研究活动。活动一引导学生寻找芦荟,用相机拍摄芦荟的照片,观察芦荟的外形特点,了解其相关的作用。这个活动主要是引导学生去发现——原来芦荟就在我们的身边。活动二让学生亲手栽种一株芦荟,就像亲自培育一个孩子,看着它每天一点一滴地成长,心中会充满着喜悦。学生们会情不自禁专注地观察,认真地记录芦荟的生长变化,对芦荟又有了进一步的了解。活动三自制芦荟蜂蜜牛奶汁,让学生们自己品尝"胜利的果实"。芦荟蜂蜜牛奶汁简单易做、美味可口、营养丰富。品尝自己亲手栽种的芦荟,肯定别有一番风味。活动四"告诉妈妈怎样用芦荟美容",是为了让孩子认识芦荟更多的作用。学会分享是做人的美德,用自己亲手栽种的芦荟教妈妈做美容,不仅美在妈妈的脸,更美在妈妈的心。

进行完一系列的科学探究后,指导学生撰写科学小论文,把自己的实践活动加以总结、概括。可以选择一个活动来写体会,也可以选择几项活动进行总结。最后出示其他探究活动参考选题,让学生选择自己感兴趣的问题,继续学习,继续探究。

【活动案例】

1. 认识芦荟

芦荟属原产非洲热带沙漠干旱地区,喜温暖、干燥、充足而柔和的阳光,耐半阴、干旱,忌盆土积水、过于荫蔽。它的适宜生长温度为 $15 \sim 35 \ ℃$,$5 \ ℃$左右生长近于停顿,低于 $0 \ ℃$ 即会受冻。土壤最好是沙性土,如是黏性黄泥,宜加入一半砂子,促进疏松透气,有利排水。芦荟为常绿、多肉质草本植物。

2. 对芦荟的探究

活动一：找芦荟，拍照片。

在珠海什么地方能找到芦荟？请你把它们拍摄下来，看看它们属于哪种类型，并填好相关记录。

拍摄时间：＿＿＿＿＿＿＿＿＿＿＿＿＿＿＿

拍摄地点：＿＿＿＿＿＿＿＿＿＿＿＿＿＿＿

芦荟种类：＿＿＿＿＿＿＿＿＿＿＿＿＿＿＿

外形特点：＿＿＿＿＿＿＿＿＿＿＿＿＿＿＿

＿＿＿＿＿＿＿＿＿＿＿＿＿＿＿＿＿＿＿＿

这种芦荟的作用：＿＿＿＿＿＿＿＿＿＿＿＿

＿＿＿＿＿＿＿＿＿＿＿＿＿＿＿＿＿＿＿＿

活动二：种植芦荟，观察芦荟的生长过程。

栽种一株芦荟，观察它的生长过程，并填写下表。

时间	培植方法	芦荟的变化
第 1 天		
第 1 周		
1 个月后		

温馨提示：

（1）水。和所有植物一样，芦荟也需要水分，但最怕积水。在阴雨潮湿的季节或排水不好的情况下很容易叶片萎缩、枝根腐烂以至死亡。

（2）日照。芦荟需要充分的阳光才能生长，需要注意的是，初植的芦荟还不宜晒太阳，最好是只在早上见见阳光，过上十天半个月它才会慢慢适应在阳光下茁壮成长。

（3）上表中"培植方法"栏主要填写做了些什么，例如：浇水、施肥、晒太阳、松土等等。

（4）表中"芦荟的变化"栏从大小、高度、颜色等多方面观察。

（5）当你精心栽培的芦荟长大了，拍摄你与芦荟的合影。

活动三：自制芦荟蜂蜜牛奶汁。

准备材料：长3厘米、宽4厘米的芦荟叶肉1块（1人分量），牛奶或酸奶1瓶，蜂蜜适量。

制作步骤：

（1）芦荟去皮。

（2）把芦荟、牛奶倒入搅拌机中搅拌3~5分钟。

（3）根据自己的口味加入适当蜂蜜。

芦荟的作用：芦荟汁中富含叶酸、维生素A和维生素K，营养价值丰富。另外芦荟中的单糖有帮助肠胃蠕动的作用，维持肠道内益菌丛的生长。

温馨提示：

（1）一定要选用可食用的芦荟，每次15克为宜，不可超量。

（2）在芦荟汁的制作过程中，一定要记得把皮去掉，因为芦荟皮中的大黄素会伤害肠胃，产生腹泻现象。

活动四：告诉妈妈怎样用芦荟美容。

（1）面部美容。用芦荟鲜叶汁早晚涂于面部15~20分钟，坚持下去，会使面部皮肤光滑、白嫩、柔软，还有治疗蝴蝶斑、雀斑、老年斑的功效。

（2）自制芦荟化妆水。取芦荟汁，加少许水即可涂于面部美容。洗头后取芦荟汁抹到头上可以止痒，防止白发、脱发，并保持头发乌黑发亮，秃顶者还可生出新发。

说说你的实践体会。

根据自己的观察和实践过程撰写科学论文。

其他探究活动参考选题

（1）芦荟能制作什么药品？

（2）珠海有哪些研发制作芦荟的公司？这些公司都生产什么物品？

（3）如何区别可食用芦荟和不可食用芦荟？

（4）珠海附近哪里有大面积的芦荟种植区？

（5）芦荟还有什么作用？

例79　美丽的木棉花

【活动指导】

在珠海的大街小巷随处可见美丽的木棉花，为了让学生进一步了解木棉花，本课例设计了如下步骤：

第1部分简单概述木棉花，使学生了解木棉花的生活环境、原产地、我国主要栽种地、形态特征、别名由来、用途和花语，让学生对木棉花有一个系统的认识。结合珠海的实际情况，让学生了解木棉花在珠海的种植情况。

第2部分引导学生对木棉花进行观察研究活动。活动一旨在让孩子们通过采集和制作标本，近距离地了解木棉花各部分的形态及特点。活动二研究木棉果实里的丝有什么作用。木棉花谢了，就会结一个狭长的果实，果实里充满了丝，而种子就包裹在雪白的丝里。为什么别的树没有丝，而木棉树有丝？丝有什么作用？通过猜想及一系列的观察研究，孩子们会更深入地了解到"植物妈妈本领大"，丝对于木棉传播后代起到了不可忽视的作用。活动三对木棉和棉花果实进行比较。一种是南方的树,一种是北方的农作物,尽管生活的地域不同,但巧妙的是果实裂开后都有丝。学生通过对比两种果实的不同,知道了木棉和棉花果实的区别,加深对木棉的了解。活动四观察木棉的生长过程。这个活动周期是 1 年,要求孩子准确记录木棉的生长变化,能加深学生对木棉这种树的总体印象,明白木棉树就是这样新陈代谢、周而复始不断长大的。

进行完一系列的科学探究后,指导学生撰写科学小论文,把自己的实践活动加以总结、概括。可以选择一个活动来写体会,也可以选择几项活动进行总结。最后出示其他探究活动参考选题,让学生选择自己感兴趣的问题,继续学习,继续探究……

【活动案例】

1. 认识木棉花

木棉属热带树种,喜高温高湿的气候环境,耐寒力较低,枝条宜受冷害,忌霜冻,喜光,不耐荫蔽,耐烈日高温,宜种植于阳光充足处。每年元宵节刚过,木棉树就开始开花。粤人以木棉为棉絮,做棉衣、棉被、枕垫。木棉花还可以做药,每逢春末采集,晒干,经拣除杂质和清理洁净后,用水煎服,可清热去湿。珠海的气候非常适合木棉树的生长,大街小巷几乎随处可见木棉树挺拔的身姿。尤其是到了阳春三月,红艳艳的木棉花映衬着蓝天,成了珠海最美的风景。

2. 对木棉花的探究

活动一:你观察过木棉花吗？请你采集它的叶、花、果、丝,制成标本吧!

活动二:研究木棉果实里的丝有什么作用。

我们的猜想:木棉丝的作用是保护种子。

探究方法:观察一棵木棉树上的果实裂开后,木棉丝如何带着种子飘落,以及落地后通过哪些途径与种子分离,最终使种子安全落入泥土,生根发芽,长成新的植株。

探究过程:

(1)选择一棵木棉树,观察果实什么时候裂开。

(2)果实裂开后,观察木棉丝携带着种子如何落地。

(3)从地上捡拾木棉丝,观察每一团木棉丝里携带多少颗种子。

(4)试着分离木棉丝和种子。

(5)思考:种子落到泥土里,那木棉丝去哪了?

通过这个实验,我发现植物妈妈真有办法,木棉利用风,把包裹着种子的木棉丝吹向四面八方,成功地播撒种子,繁衍后代。

这个实验既简单又容易操作,使我们明白了木棉丝在传播种子的过程中发挥着不可忽视的作用。

活动三:木棉和棉花果实的比较。

比较木棉与棉花的果实,并记录下表。

	棉花	木棉
果实外观		
果实的内部		
果实进开方式与种子的传播		
种子外观		
对环境的影响		
棉絮手感与保暖性		

活动四:观察木棉的生长过程。

观察木棉的生长过程,并记录下表。

生长过程	抽芽	开花	结果	落叶
生长时间				

请你撰写观察日记。

其他探究活动参考选题

(1)木棉树干基部密生的瘤刺有什么作用?

(2)木棉树对光、暗环境的适应如何?

(3)木棉树对湿、旱环境的适应如何?

(4)木棉花有什么药用?

(5)你喜欢木棉花吗?用相机捕捉木棉花的美丽姿态吧!

例80 含羞草

【活动指导】

为了引导学生深入观察含羞草,培养他们对所研究植物的兴趣,让他们亲身经历研究植物揭开谜底的体验,比告诉他们这些事实会有更深的感悟。

本课例第1部分简单概述含羞草的分类、生长环境、特点,让学生对含羞草有一个系统的认识。接着向学生展示在珠海拍到的含羞草照片,让学生知道含羞草在珠海是常见的植物,激发孩子们寻找含羞草的兴趣。

第2部分引导学生对含羞草进行观察研究活动。活动一引导学生观察含羞草。到室外去寻找观察含羞草,使孩子们更加亲近大自然,热爱大自然。活动二让学生摘来含羞草,亲自触摸含羞草,体验含羞草的奇怪变化。设计了这个有趣的体验,让学生实际感受含羞草的神奇。活动三探究含羞草"害羞"的秘密。在这个活动中让学生在显微镜下观察含羞草的变化,使学生明白含羞草的这种叶片闭合和叶柄下垂的现象,并不是"害羞",而是植物受刺激和震动后的一种反应。这种反应在生物学上称为感性运动,是含羞草受到外界刺激后,细胞紧张改变的结果。活动四使学生明白含羞草为什么会具有这种本领。活动五指导学生制作含羞草标本。这个活动是学生最喜欢的环节,可以带领孩子们去再次接触大自然,领略大自然的神奇,并让学生通过自己动手制作,明白植物标本的制作过程。

【活动案例】

1.认识含羞草

含羞草最大的特点是它受到刺激(如碰触)时,叶面会收缩起来,而在光线弱时比较敏感。平常含羞草的叶枕内的水分支撑着叶片,当受到外力刺激时,叶枕内的水分会立即流向别处。另外,它在晚上会自动收缩起来。

2.对含羞草的探究

活动一:你见过含羞草吗? 可以用画笔画下来。

活动二:观察含羞草。

(1)含羞草名字的来历。

(2)含羞草为什么会"害羞"。我们猜想是因为它有特殊的本领,这是它的一种自我保护能力。通过查找资料,明白了含羞草的这种叶片闭合和叶柄下垂的现象,并不是"害羞",而是植物受刺激和震动后的一种反应。这种反应在生物学上称为感性运动,是含羞草受到外界刺激后,细胞紧张改变的结果。

活动三:实验研究含羞草"害羞"的原因。

(1)用不同材质的东西去轻轻触摸含羞草,结果发现它都会有同样的反应。

(2)在显微镜下观察含羞草的叶子和叶柄具有特殊的结构。在叶柄基部和复叶的小叶基部,都有一个比较膨大的部分,叫做叶枕。叶枕对刺激的反应最为敏感。一旦碰到叶子,刺激立即传到叶柄基部的叶枕,引起两个小叶片闭合起来。触动力大一些,刺激不仅传到小叶的叶枕,而且很快传到叶柄基部的叶枕,整个叶柄就下垂了。

(3)在显微镜下仔细观察发现在叶枕的中心有一个大的维管束,维管束四周充满着具有许多细胞间隙的薄壁组织。当震动传到叶枕时,叶枕的上半部薄壁细胞里的细胞液,被排出到细胞间隙中,使叶枕上半部细胞的膨压降低,而下半部薄壁细胞间隙仍然保持原来的膨压,结果引起两个小叶片闭合起来,甚至于整个叶子垂下来。含羞草在受到刺激后的 0.08 秒钟内,叶子就会闭合。受刺激后,传导的速度也是很快的,最高速度达每秒10 厘米。刺激之后,稍过一段时间,一切又慢慢恢复正常,小叶又展开了,叶柄也竖立起来了。

(4)如果持续不断地去触摸,观察含羞草的叶子会有怎么样的反应。

活动四:含羞草为什么会具有这种本领?

含羞草的这种特殊的本领,是有一定历史根源的。含羞草的老家在热带南美洲的巴西,那里常有大风大雨。每当第一滴雨打着叶子时,它立即叶片闭合,叶柄下垂,以躲避狂风暴雨对它的伤害。这是它对外界环境条件变化的一种适应。另外,含羞草的运动也可以看作是一种自卫方式,动物稍一碰它,它就合拢叶子,动物也就不敢再吃它了。

活动五:指导学生制作含羞草标本。

(1)要采集制作植物标本,需准备植物标本夹和吸水的草纸。

(2)标本夹可以自己动手制作,用木条做两片网式架,架上要留有可绑绳索的头,两片木架之间放吸水的草纸,用绳绑好随身携带。

(3)植物(包括根、茎、叶、花)采下后,先将花瓣整理好压放在草纸上,然后将茎、叶整理好,每片叶要展平。不能因为叶多而把叶子摘掉,一部分叶要反放,这样压好的标本叶正反面均有。

(4)植物标本不能在太阳下晒,这样容易变色。压在标本夹内的标本每天要翻倒数次,每次换用干燥的草纸吸水。用过的草纸在太阳下晒干以备下次翻倒时使用。标本夹压标本主要是靠草纸将植物的水分吸干。压好的标本,花、茎、叶的颜色不变。

请你说说压好的植物标本可以做什么呢?

指导学生写一篇研究小论文,内容可包括研究的目的、研究的内容、研究的方法、研究的过程与记录、我的收获等。

其他探究活动参考选题

(1)能否通过嫁接把含羞草的这种本领传给别的需要的植物?

(2)含羞草还有别的本领吗?

(3)我们人类可以从含羞草的特殊本领上得到什么启示?

例81 莲

【活动指导】

莲属多年生水生宿根草本植物,其地下茎称藕,能食用,叶入药,莲子为上乘补品,花可供观赏。莲多年生长在水中,根茎最初细小如手指,具横走根状茎,即我们日常吃的莲藕。中国南北各地广泛种植,武汉、杭州等地的品种尤多。

活动一观察并用相机记录珠海的莲,把在珠海能找到的莲,拍成照片。活动二研究荷叶的结构。荷叶的表面非常干净,而且水珠落在上面也很快滚动下去,荷叶为什么能保持清洁和具有防水的功能呢?让学生去猜想、去设计实验、去研究。活动三研究藕断丝连的秘密。

【活动案例】

1.认识莲

在北半球的许多水域都有莲属植物分布。根据栽培目的的不同,莲分为三大栽培类型,即藕莲、子莲、花莲。莲喜相对稳定的静水,忌涨落悬殊和风浪较大的流水,水深一般不宜超过1.5米。生长季茎叶最适温度为 25~30 ℃。要求日照充足,不宜长期在室内栽培。

莲适用于点缀庭园水面,净化水体,或作盆栽。藕和莲子营养丰富,生食、熟食均宜。藕可加工成藕粉、蜜饯等。莲子有安神作用,常做成汤羹或蜜饯,为中国民间滋补佳品。荷花花瓣、嫩叶可佐食。莲各部分均可入药。莲是一种实用价值很高的植物,全株皆可利用,每一个部位皆有其特殊功能。

2. 对莲的探究

活动一：观察各种莲。

你见过哪些荷花，请拍摄它们的相片。

活动二：荷叶的结构。

荷叶的表面非常干净，而且水珠落在上面也很快滚动下去。荷叶为什么能保持清洁和具有防水的功能呢？

我们的猜想：荷叶的表面有蜡质层。

观察方法：用显微镜观察荷叶的切片。

研究过程：

(1)观察水和油在荷叶表面的滚动情况。

(2)小心撕掉荷叶表面的一层，再观察水和油的滚动情况。

(3)用显微镜观察荷叶表面的一层。

(4)制作荷叶的纵切片，在显微镜下观察。

说说你的发现。

活动三：藕断丝连的秘密。

当我们折断藕时，可以观察到无数条长长的白色藕丝在断藕之间连系着。荷叶的茎折断的时候也会出现类似的现象。为什么会有这种藕断丝连的现象呢？？

我们的猜想：这些丝是帮助莲生长，运输水和养料的组织。

研究方法：掰断荷叶的茎，看荷叶会不会枯死。

研究过程：

(1)完全折断一片荷叶的茎，放在水中，看它几天才会枯萎。

(2)找一棵完整的莲(有藕、茎、叶)放在水中。

(3)小心地折断莲的茎，只剩下丝相连，放在水中。

(4)观察它几天枯萎。

说说你的结论。

写一篇研究小论文,内容可包括研究的目的、研究的内容、研究的方法、研究的过程与记录、我的收获等。

其他探究活动参考选题

(1)千年古莲发芽之谜。

(2)藕节是真空的吗?

(3)白藤湖粉藕的调查。

例82 勒杜鹃

【活动指导】

本课例引领学生进一步较详细地了解勒杜鹃的特点,拓展学生的知识面。

第1部分介绍勒杜鹃的形态特征、生活习性、作用与用途,让学生对勒杜鹃有个整体的认知。并向学生展示多种绚丽多彩的勒杜鹃,让学生产生浓厚的兴趣。

第2部分引导学生对勒杜鹃进行研究活动。活动一请学生观察勒杜鹃的图画,并说出自己的发现。此活动力求让学生辨认、发现出勒杜鹃独特的结构,使学生更加感受到大自然的有趣与奥秘,激发学生的求知欲。活动二让学生走进大自然采集勒杜鹃,制作标本。在采集的过程中,让学生亲自观赏勒杜鹃外部的独特之处,了解这种南方植物的生长习性。活动三让学生了解我们平常所观赏的三角形花朵,其实并不是勒杜鹃真正的花,而是它的萼片。勒杜鹃的花是由三根火柴头般大小的花苞聚在萼片的中脉上,花柱是深红色的。它的花是淡黄色的,比黄豆还要小,小得使人误以为它的萼片就是它的花。

【活动案例】

1. 认识勒杜鹃

勒杜鹃为常绿攀援状灌木,又名叶子花、三角梅、贺春红等。它同时是海南的三亚和海口,以及广东的深圳、珠海等国内外十多个城市的市花。勒杜鹃枝具刺,叶互生,花细小,呈黄绿色,常三朵簇生于三枚较大的苞片内。

2. 对勒杜鹃的探究

活动一:观察勒杜鹃的图片,你发现了什么?

活动二:采集勒杜鹃,制作标本。

活动三:找一找勒杜鹃的花在哪里?

活动四:写一篇观察日记。

例83 绿豆芽

【活动指导】

绿豆芽即绿豆的芽,为豆科植物绿豆的种子经浸淹后发出的嫩芽。食用部分主要是下胚轴。绿豆在发芽过程中,需要各种各样的条件,通过探究活动能够更好地了解种子发芽需要的条件,从而对生命世界的植物发芽生长形成一定的了解。

第1部分介绍各种豆类的形态特征、生活习性、作用与用途,让学生对豆科植物有个整体的认知。并向学生展示各种各样的豆类种子,让学生产生浓厚的兴趣。

第2部分对绿豆发芽过程进行探究。活动一探究水对绿豆发芽的影响。活动二探究空气对绿豆发芽的影响。活动三观察绿豆芽的生长。

【活动案例】

1.认识各种各样的豆类种子

观察红豆、绿豆、黄豆、芸豆和蓖麻的种子,写出它们的共同点。

2.对绿豆发芽生长过程的探究

活动一:探究水对绿豆发芽的影响。

材料:两个纸杯、纸巾、水、6 颗绿豆。

探究方法:准备两个纸杯,在纸杯底部铺上纸巾,分别放入3 颗绿豆,在一个纸杯中滴入水,另一个纸杯不滴水,持续进行观察。

填写下面的实验记录表格。

日期	种子的变化	
	实验组	对照组

活动二:探究空气对绿豆发芽的影响。

材料:两个纸杯、纸巾、水、6 颗绿豆、一个密封的塑料袋。

探究方法:准备两个纸杯,在纸杯底部铺上纸巾,分别放入3 颗绿豆,两个纸杯都滴入适量的水,一个裸露在空气中,另一个用密封塑料袋封存(注意将气体尽可能全部赶出),持续进行观察。

填写下面的实验记录表格。

日期	种子的变化	
	实验组	对照组

活动三:观察绿豆芽的生长。

(1)将发芽的绿豆移植到装有土壤的小花盆里面,观察它的生长。

(2)在全班开一个分享交流会。

(3)撰写一篇小论文。

例84 三叶草

【活动指导】

三叶草是一种常见的植物。本课例分两个部分,第1部分是对三叶草的介绍,第2部分是关于三叶草的探究活动。活动一画三叶草,培养学生的观察能力。活动二了解三叶草,培养学生查找资料、实地考察的能力。活动三种养三叶草,是一个探究性实践活动。

【活动案例】

1.认识三叶草

三叶草还叫苜蓿,为多年生草本植物,以"牧草之王"著称,不仅产量高,而且草质优良,各种畜禽均喜食。三叶草耐寒性强,气温降至 0 ℃时部分老叶枯黄,主根上小叶紧贴地面,停止生长,但仍保持绿色。因此,绿期很长。对土壤要求不严,可适应各种土壤类型,在偏酸性土壤上生长良好。

2. 对三叶草的研究。

活动一:画三叶草。

摘取一片三叶草放在纸上,你能照着它的样子画下来吗?你有什么疑问吗?

活动二:了解三叶草。

(1)三叶草名字的来历。

我们的疑问:三叶草是因为只有 3 片叶子而得名的吗?

①让学生通过查找资料解决。

②带领学生去大自然中寻找三叶草,仔细观察,看看三叶草究竟是什么样子的。

(2)让学生通过看、摸、闻进一步了解三叶草。

活动三:种植三叶草,指导学生写观察日记。

(1)让学生到自己生活的小区、公园或周围的地方寻找三叶草的种子。

(2)学生分成活动小组种植三叶草。

①把 6 名学生分为一组,选出小组长。

②以小组为单位让每个小组写一份观察日记。

③每天都要把观察的内容进行记录。

(3)各小组把自己种植的三叶草带到学校来,各小组汇报在种植过程中的发现。

例85　仙人掌

【活动指导】

仙人掌科植物是大家常见的一种植物,它最大的特点就是叶子为了适应环境的变化退化成刺,具有顽强的生命力,是一种让人肃然起敬的植物。本课例设计仙人掌的实践活动,主要通过孩子们用眼观察、用手试验、用心体会,从多方面多角度认识仙人掌科植物,感悟生命的真谛。

本课例第 1 部分简单概述仙人掌科植物的外形特点、分类、特征和药用,对仙人掌科植物有一个初步的认识。给学生推荐一个观赏仙人掌科植物的好地方——珠海市农业科学研究所的沙漠植物园。

第 2 部分引导学生通过几个活动,深入了解仙人掌科植物。活动一参观珠海市农业科学研究所的沙漠植物园,让学生走进大自然,走进仙人掌科植物的世界,领略这类植物的风采,孩子们一定会大开眼界。活动二让学生找一找仙人掌、仙人球、仙人笔 3 种植物的异同。活动三观察仙人掌在不同环境中的生长情况。分别在土壤、泥沙和营养液 3 种不同的环境中,种植同一种仙人掌。其中,对种植在泥沙中的仙人掌,尽量给它提供较为恶劣的生活环境。通过填写观察记录,陪伴仙人掌共同成长。活动四自制仙人掌食品。别看仙人掌其貌不扬,但是药用价值非常高,是进行食疗的首选。本次实践活动,推荐学生自己动手,用自己栽种的仙人掌为家人烹饪两样美味可口的健康食品。

完成这一系列的活动后,学生们一定会有很多感想,这时引导学生把自己的试验成果或心得体会进行书面总结,撰写科学

小论文。最后出示其他探究活动参考选题,为学生的继续探究
之路指明方向。

【活动案例】

1. 认识仙人掌

仙人掌科植物为肉质多年生植物,为了适应沙漠缺水的气
候,叶子演化成短短的小刺,以减少水分蒸发,亦能作阻止动物
吞食的武器;茎演化为肥厚含水的形状;同时,它长出覆盖范围
非常之大的根,用作下大雨时吸收最多的雨水。食用仙人掌的
营养十分丰富,它含有大量的维生素和矿物质,具有降血糖、降
血脂、降血压的功效。食用仙人掌的嫩茎可以当作蔬菜食用,果
实则是一种口感清甜的水果,老茎还可加工成具有除血脂、降胆
固醇等作用的保健品、药品。

珠海市农业科学研究所内有一个沙漠植物园,占地面积为
2 000 平方米。园内现有 150 多种各类的仙人球、仙人掌等植
物,形态各异,造型奇特,经嫁接后的仙人球、仙人掌姿态万千、
色彩斑斓。该园中有两颗镇园之宝,一对高龄 38 岁的仙人球金
琥,这对金琥直径达 1 米粗,乃是从墨西哥千里迢迢、飘洋过海
来此安家落户的。另外,还可看到极其稀有的仙人掌祖先——
叶仙人掌,真让人大开眼界。

2. 对仙人掌科植物的探究

活动一:参观沙漠植物园。

参观珠海市农业科学研究所的沙漠植物园,看看你认识哪
几种仙人掌科植物,选择你最喜欢的一种拍摄下来,回家后查阅
相关资料,了解这种仙人掌的特征,填写以下相关内容。

植物种类:＿＿＿＿＿＿＿＿＿＿＿＿＿＿＿＿＿＿＿

外形特点：_____

_____

这种仙人掌科植物的特性：_____

_____

活动二：找一找仙人掌、仙人球、仙人笔 3 种植物的异同，填写下面的表格。

	仙人掌	仙人球	仙人笔
外形特点 （不同）			
作用 （不同）			
画一画 （简笔画）			
3 种仙人掌科植物的相同点：			

活动三：仙人掌在不同环境中的生长。

分别在土壤、泥沙和营养液 3 种不同的环境中，种植同一种仙人掌，观察它们在不同的环境中生长有什么不一样，填写下面的表格。

时间	土壤	泥沙	营养液
第 1 天			
第 1 周			
1 个月后			

你的实践体会：_____

_____

_____

活动四：自制仙人掌食品。

仙人掌具有降血糖、降血脂、降血压功效，若能每天食用一片菜用仙人掌，就能消除体内多余的胆固醇、脂肪和糖分，起到行气活血、清热解毒、促进新陈代谢的作用。现在就让我们自己动手来做几样美味的仙人掌菜吧！

（1）仙人掌芡实百合花甲。

制作方法：芡实先用水泡软。花甲用盐水御沙泥，去壳，备用。仙人掌与芡实热火略炒，加水勾芡，再放入花甲、百合，大火炒熟。夏天食用芡实有清热去湿之效，百合清热润肺，贝壳类食物补钙，加上清热解毒的仙人掌，此菜可算是夏天多食有益的家常菜。

功效：润肤补钙、清热解毒。

（2）仙人掌百合香芹。

制作方法：百合与香芹是简单易用的膳食材料，此菜只需将3种材料一起加水勾芡热炒便可，做法非常简单省时。还可以加入一点新鲜肉丝，更加鲜甜美味。

功效：在炎热酷暑的夏季，多吃仙人掌百合香芹，便可以轻松地排毒养颜，降脂安神，清热润肺。

温馨提示：

（1）一定要选用菜用仙人掌，每次30~50克为宜，不可超量。

（2）在仙人掌食品的制作过程中一定要记得把皮去掉。因为仙人掌有些苦味，所以加工前要将皮、刺削去，并用淡盐水浸泡

15～20分钟或用水焯过后,再用清水漂一下,就可以去掉苦味。

其他探究活动参考选题

(1)仙人掌的花语是什么?

(2)仙人掌花有什么特征?

(3)仙人掌植物的叶子是如何演变成刺的?

(4)仙人掌植物是用什么方式繁殖的?

(5)仙人掌植物还有什么作用?

例86 爬山虎

【活动指导】

明明是植物,偏偏有个动物的名字,这就是有趣的爬山虎。这种奇特的植物生命力顽强,哪怕环境再恶劣,也阻挡不了它向上攀登的步伐。为了引导学生对爬山虎产生探究的兴趣,可以从以下环节入手:首先,简单概述爬山虎的名称、种类、生活习性、地理分部、外部结构、主要用途及珠海的本地资源情况,让学生对爬山虎有个总体的认知;然后,对爬山虎进行观察探究。

活动一让学生寻找生活中的爬山虎,了解它的外部形态。活动二让学生选定一株爬山虎,长期观察爬山虎的吸盘,通过多种途径了解吸盘的特点及作用,解开爬山虎"爬山"之奇迹。活动三提出问题:"爬山虎叶子的叶尖真的一顺儿朝下吗?"学生带着问题去观察爬山虎的叶尖朝向,会发现嫩叶的叶尖会朝向各个方向,而嫩叶长大后叶尖就变成一顺儿朝下了。对于孩子们来说,通过自己的观察思考得出答案,这个过程是最美妙的体验。

为了引导学生继续对爬山虎进行探究,本课例设计了一系列值得探究的问题:爬山虎对土壤的选择是怎样的? 爬山虎的触须有什么作用? 冬天,枯萎的爬山虎是不是死了? 爬山虎对明与暗的选择是怎样的?

希望探究其貌不扬、力量无穷的爬山虎能带给孩子们无限的思考与快乐!

【活动案例】

1. 认识爬山虎

爬山虎,也称"巴山虎"、"常青藤",为葡萄科植物。枝上有卷须,卷须短,多分枝。卷须顶端及尖端有黏性吸盘,遇到物体便吸附在上面,无论是岩石、墙壁或是树木,均能吸附。

爬山虎在珠海分布很广,迎宾北路帝豪酒店旁的山坡上、风坡山、望海楼、石景山公园附近的山坡上都能看到郁郁葱葱的爬山虎。此外,房屋墙外、道路两侧的山崖边、小区的石头堆上、花园的栏杆上,常常也能见到爬山虎的影子。

2. 对爬山虎的探究

活动一:你在哪里见过爬山虎? 请拍下它们的照片。当然,你也可以选择把它画下来。

活动二:爬山虎靠什么"爬山"?

我们的猜想:爬山虎靠吸盘"爬山"。

探究方法:观察爬山虎茎上的吸盘的生长过程,等爬山虎爬到一定高度时,扯断茎上所有的吸盘,观察爬山虎接下来的生长情况。

探究过程:

(1)选定一株爬山虎。

（2）每天定时观察爬山虎的吸盘的生长情况。

（3）阻止新长出来的吸盘接触墙面，观察吸盘的生长变化。

（4）拉扯附在墙面上的吸盘，感受吸盘对墙壁的吸附力。

（5）用力扯断附在墙面上的吸盘，观察脱离植株的吸盘有什么变化。

（6）将一条爬山虎嫩枝上的吸盘全部去除，观察嫩枝的生长变化。

（7）用显微镜观察爬山虎的吸盘，发现什么秘密？

通过这个实验，我们发现爬山虎是靠吸盘吸附在墙面上，从而一步一步向上攀爬的。如果没有了吸盘，爬山虎就爬不了山了。新长出来的吸盘如果没有接触墙面，就会慢慢枯萎。吸盘一旦接触到墙面，就会牢牢地吸附在上面，就算用力拉扯，也很难把吸盘和墙面分开。由于吸盘的吸附力很强大，即使爬山虎枯萎了，我们也仍然能在墙面上找到一个个小小的吸盘。

再高的墙，再陡的山也不能阻拦这小小的吸盘，怪不得这种植物叫"爬山虎"呢！做科学研究真是有趣！

活动三：爬山虎叶子的叶尖真的一顺儿朝下吗？

（1）观察老叶子的叶尖朝向。我们观察到＿＿＿＿＿

＿＿＿＿＿。

（2）观察嫩叶子的叶尖朝向。我们观察到＿＿＿＿＿

＿＿＿＿＿。

（3）通过对两种叶子的观察，我们知道了＿＿＿＿＿

＿＿＿＿＿。

引导学生撰写观察日记。

(1)爬山虎对土壤的选择是怎样的?

(2)爬山虎的触须有什么作用?

(3)冬天,枯萎的爬山虎是不是死了?

(4)爬山虎对明与暗的选择是怎样的?

例87　紫甘蓝

【活动指导】

紫甘蓝又称红甘蓝、赤甘蓝,俗称紫包菜,为十字花科、芸薹属甘蓝种中的一个变种。紫甘蓝在不同的物质中呈现不同的颜色,我们可以利用这一性质检测身边物质的酸碱性。

活动一寻找身边的紫甘蓝。紫甘蓝是蔬菜,学生接触的机会较多。让学生以研究观察的角度去发现身边的紫甘蓝,并拍摄它们的照片。活动二制作紫甘蓝指示剂。将紫甘蓝撕碎,用开水浸泡,提取汁液,就可以为我们所用了。活动三用制作好的紫甘蓝指示剂来检测身边物质的酸性和碱性。我们身边有的东西尝起来很酸,有的很苦,有的什么味道都没有。这到底是怎么回事呢? 紫甘蓝通过它独特的变色反应,将所有物质的酸碱性呈现在我们面前。活动四为应用拓展。通过活动三我们知道了洗衣粉是碱性的,醋是酸性的,而酸性物质会让紫甘蓝变成红色,碱性物质会让紫甘蓝变成绿色。在一朵纸花的花朵上浸泡酸,叶子上浸泡碱,同时喷上紫甘蓝,这时有趣的红花绿叶就在一瞬间形成了。

【活动案例】

1. 概述

紫甘蓝的营养丰富，是一类强身健体的蔬菜。紫甘蓝含有丰富的硫元素，这种元素的主要作用是杀虫止痒，对于各种皮肤瘙痒、湿疹等疾患具有一定疗效。紫甘蓝含有花青素，花青素遇酸变红，遇碱变绿，可以做指示剂。

2. 对紫甘蓝的探究

活动一：你还认识哪些紫甘蓝？请拍下它们的相片。

活动二：制作有趣的紫甘蓝指示剂。

紫甘蓝指示剂的制作方法：

(1)取紫甘蓝少许，撕成碎片。

(2)稍微洗一洗，然后放在锅里煮。

(3)如果紫甘蓝已经煮熟了，就熄灭火，然后把锅里的紫色汁液倒进事先准备好的容器里。

这样，紫甘蓝指示剂就做好了。紫甘蓝在不同的物质中呈现不同的颜色：紫甘蓝在水中呈暗紫色；紫甘蓝在白醋中呈红色；紫甘蓝在纯碱溶液中呈绿色；紫甘蓝在食用盐溶液中呈蓝紫色。

我们可以利用紫甘蓝的这一性质检测身边物质的酸碱性，让我们一起来试一试吧。

活动三：检测身边物质的酸碱性。

有了紫甘蓝指示剂，我们就可以用它来检测身边的物质是酸性还是碱性。想不想知道我们日常接触的东西是酸性还是碱性？我们很快就知道答案！

准备材料：紫甘蓝指示剂胶头滴管（或空眼药水瓶），小碟子，柠檬汁，橘子汁，小苏打，醋，茶包，咖啡。

猜一猜我们准备的这些材料是酸性还是碱性。

实验过程:

(1)在每个小碟子上倒入一些紫甘蓝指示剂。

(2)将每种材料滴少量在小碟子中,观察紫甘蓝指示剂的变化。

观察实验中发生了什么?

我们发现生活中的酸有:＿＿＿＿＿＿＿＿＿＿＿＿＿＿＿＿＿＿＿＿

我们发现生活中的碱有:＿＿＿＿＿＿＿＿＿＿＿＿＿＿＿＿＿＿＿＿

活动四:红花绿叶。

一束用纸做成的花,它的花朵和叶子都是白色的。如何让它们同时变成红花绿叶呢?让我们一起来尝试一下吧。

准备材料:紫甘蓝指示剂,用纸做成的花朵和叶子,洗衣粉,醋,铁丝,一次性杯子,喷壶。

活动过程:

(1)将做好的纸花和叶子固定在铁丝上,使它看起来像一束花。

(2)在杯子里加入少量水,加入洗衣粉搅匀。

(3)分别将花朵和叶子浸泡在醋和洗衣服溶液里。

(4)用喷壶把紫甘蓝指示剂喷到花朵和叶子上。

(5)你会惊奇地发现,叶子变成绿色的,花朵变成了红色!

写一篇研究小论文,内容可包括研究的目的、研究的内容、研究的方法、研究的过程与记录、我的收获等。

其他探究活动参考选题

(1)紫甘蓝长时间暴露在空气中,颜色会变化吗?

(2)还有哪些蔬菜可以作指示剂?

(3)变化的颜色还会还原吗?

(4)紫甘蓝能多吃吗?

四、科技实践与基地建设 >>>

（一）科学园地

科学教育形式是多样化的,可以在课堂上进行,可以在课外活动中进行,可以在生活中进行,也可以在假期中进行。

在不同的地域里进行科学教育的方法理念是相似相近的,我们在借助于地方特色资源进行科学教育的时候,可以开发一些蕴含科学元素比较丰富的科学教育实践基地。在这些基地中,学生们能够比较充分地开展一些科学学习活动,可以去调查访问;可以去实地观察;在安全的前提下,也可以深入地去探究、去实践;还可以在活动中大胆地去设想并加以验证 。

下面的科学教育案例就是充分利用了珠海地方特色资源所进行的科学教育活动,活动案例中学生们利用课外活动时间在一些基地中进行科学学习活动。

例88 走进金海滩

【活动指导】

广东珠海市由 147 个海岛组成,大大小小的休闲旅游沙滩有几十个。本案例以珠海金海滩为例,引导学生亲近自然,了解沙滩、海洋,主动参与绿色环保,在游览中开阔眼界,在活动中体验快乐,形成合作意识和科学探究精神。

【活动目的】

(1)让学生在亲近金海滩的过程中,经历一系列的科学活动,培养学生的科学探究精神和环保意识。

(2)通过开展环保小活动,培养学生的调查能力和保护沙滩的意识。

(3)通过寻找沙滩生物,去认识、了解沙滩生物的生活特征、习性。

(4)通过学习安全活动小常识,了解沙滩上的安全措施。

(5)通过沙雕游戏可以提高学生的艺术素养,还能提高学生对沙滩的保护意识。

【活动案例】

1.认识金海滩

(1)知道金海滩的地理位置、交通状况。珠海金海滩(又名金沙滩)旅游度假区,位于珠海市金湾区三灶,距市中心约40千米。金海滩整体规划面积3.3平方千米,海域水质优良、波柔浪轻。

(2)知道金海滩的特色。

2.对沙滩及其环境的观察研究

(1)环保小活动。

①观察沙滩。

(a)观察沙滩的环境。

(b)调查金海滩的垃圾状况(拍照、文字、采访)。

(c)为什么要保护沙滩?

(d)你会怎样做?

②捡垃圾,保护沙滩环境。

(2)认识沙滩生物。

①观察要点。

(a)沙滩有什么动物?

(b)这些动物的生活环境是什么样的?

②提出问题。沙滩的小动物吃什么? 鼓励学生们提出尽可能多的问题。

③观察验证。通过观察沙滩的小动物,认识动物的生存情况。

④观察记录。把观察结果记录下来。包含:观察对象、时间地点、观察结果。

⑤解答问题。通过已经掌握的知识,对部分问题进行科学解释。

⑥讨论。讨论保护海洋生物的意义,从中理解环保的意义。

⑦记录。

(3)学习安全活动小常识。

①沙滩上的圆球是什么? 有什么用?

②工作人员为什么坐在水中? 有什么用?

③提出问题。为什么水中的球围成一个圈? 引导学生们提出尽可能多的问题。

④观察验证。通过实地观察,了解安全小知识。

(a)观察方法。带着问题观察,在观察中进行小组讨论。

(b)观察记录。把观察结果记录下来,并进行拍照。

(c)解答问题。通过已经掌握的知识,对部分问题进行科学解释。

(4)沙雕小活动。

①你会做沙雕吗? 欣赏沙雕图片。

②如何跟你的朋友合作?

③进行沙雕活动,提高艺术素养。

例89　海泉湾

【活动指导】

珠海海泉湾拥有大规模的海洋温泉,本案例旨在让学生们亲自走进海泉湾度假城,在亲身体验的过程中去了解、认识海洋温泉,从而发现、感受珠海这一座海滨城市独特的美,激发学生们热爱家乡,热爱珠海,热爱祖国的思想感情。

【活动目的】

(1)通过收集资料以及亲身体验,使学生对海洋温泉有一个初步的了解。

(2)通过探究温泉水,引导学生用感官去观察温泉水。

(3)通过亲身实验,更进一步认识温泉水的温度。

(4)让学生们畅所欲言,分享各自的心得体会以及从中学到的科学知识。

【活动案例】

1. 认识海泉湾

(1)认识温泉的形成及其作用。

（2）认识海洋温泉的形成、利用、应用领域、特点。

（3）了解海泉湾的地理位置和交通。

2. 探究海泉湾温泉水

（1）通过报刊、网络收集有关温泉、珠海海洋温泉的信息，制订参观、游览的行程，提出探究设想。

（2）走进海泉湾。坐车直达海泉湾，按各小组制订的行程开始游览，活动时间为4小时。游览过程中各小组要结合前面提出的问题，可亲身感受，也可访问工作人员。

（3）观察温泉水。

我们的猜想：温泉水是无色、无味，并有一定温度的泉水。

探究方法：在温泉中取一杯温泉水，先用眼睛观察温泉水的颜色，用手感觉下温泉水的温度，然后尝下味道，最后用温度计测量。

我们要解决的问题：

①认识海洋温泉。

②珠海海洋温泉水是来自哪里，如何取得？

③珠海海洋温泉水有什么特别之处？

实验过程：

①用杯子取一杯温泉水。

②观察温泉水的颜色。

③取出少许温泉水，尝尝它的味道。

④把手伸进杯中，感受温泉水的温度。

⑤用温度计测量温泉水的温度。

⑥记录实验结果。

（4）用温泉水煮鸡蛋。

我们的猜想：温泉水可以把鸡蛋煮熟。

探究方法:把鸡蛋放进温泉水里。

我们要解决的问题:了解海洋温泉的作用。

实验过程:

①把鸡蛋放进温泉水中。

②用手表计算时间,约 20 分钟。

③剥开鸡蛋壳,观察鸡蛋是否煮熟。

④品尝鸡蛋。

⑤记录实验结果。

(5)参加拓展训练营活动。以小组为单位,在专业人员的指导下,参加拓展训练。通过训练,在增强学生体质的同时,也能提高小组合作的精神和能力。

例90　探究珠海唐家共乐园

【活动指导】

唐家共乐园原为中华民国第一任内阁总理唐绍仪的私家园林,始建于 1910 年,是全国仅存的两处民国园林之一,是珠海十大景点之一。本案例选择珠海唐家共乐园作为研究对象,是希望能起到抛砖引玉的作用,希望教师们善于挖掘课程资源,特别是要挖掘像公园这类包含有丰富科学元素的资源进行科学探究,有条件的可将这些地方当作一个个课外科学实践基地开展科学探究,以达到激发学生进一步去探索大自然奥秘的目的。

【活动目的】

(1)通过探究了解为什么唐家共乐园中的"总统房"能实现冬暖夏凉。

（2）通过探究活动了解唐家共乐园中的小石山为何跑到榕树的怀抱中。

（3）通过探究活动了解唐家共乐园中的"观星阁"是否真的能观测到宇宙奥秘。

【活动案例】

1. 走进唐家共乐园

知道唐家共乐园的地理位置、交通状况。了解唐家共乐园的历史。

2. 探究唐家共乐园中的科学奥秘

活动一：为什么唐家共乐园中的"总统房"能实现冬暖夏凉呢？

（1）猜测房子里的气温和哪些因素有关。如：朝向、材料、结构、空调和暖气安装的位置……

（2）初步认识我国具有典型冬暖夏凉特性的房子。

①认识、了解福建土楼。

②认识、了解陕北的窑洞。

（3）观察唐家共乐园中的"总统房"有何特点。唐家共乐园中的"总统房"是一座用砖瓦建成的平房。房子的西北面是一个小山坡，东南面是开阔的空地。这座被称为"暖房"的"总统房"紧挨着田园别墅的右侧，成直角，里面红砖铺地，木条天花，正对大门的墙边用红砖砌了一个"美式壁炉"，朝东南的一面墙的2/3全部是木框（外层）的玻璃（内层）两层窗，冬天时把两层窗关上起到保温的作用，夏天时打开外层窗，让小屋显得比较透光。这座房子与当地的房子还有两处不同，当地房子墙的厚度一般为24厘米，而这座"总统房"墙的厚度为32厘米；当地房子一般没有装天花，而这座"总统房"不但装有天花，而且与房顶构成一个能保存空气的五棱台密封箱。

(4)科学探究活动实验。

探究主题:冬暖夏凉的房子。

实验目的:找出房子实现冬暖夏凉的一些基本原理(热传递与热对流)。

实验前准备:1个用2厘米厚木头做的箱子,1个用4厘米厚相同木头做的箱子。1个用实心木头做的箱子,1个用空心木头做的箱子(两个箱子所用木材相同,厚度相同,大小相同)。

实验过程:

①把两支温度计分别放入用2厘米厚木头做的箱子和4厘米厚木头做的箱子里(记录好这时的温度)并把盖子盖好,然后把两个箱子放到太阳底下暴晒,测量两个箱子内部的温度变化。每隔10分钟观察一次温度,并记录在下表中。30分钟后结束实验。

实验记录表

实验时间/分钟	10	20	30
2厘米厚木头做的箱子内部的温度/℃			
4厘米厚木头做的箱子内部的温度/℃			

实验结果分析:从实验记录表,可以明显地看出:用2厘米厚木头做的箱子内部的温度明显高于用4厘米厚木头做的箱子内部的温度。根据实验,我们可以得出结论:厚的物体比薄的物体保温效果好。

②把两支温度计分别放入用实心木头做的箱子和用空心木头做的箱子里(记录好这时的温度)并把盖子盖好,然后把两个

箱子放到太阳底下暴晒,测量两个箱子内部的温度变化。每隔10分钟观察一次温度,并记录在下表中。30分钟后结束实验。

实验记录表

实验时间/分钟	10	20	30
实心木头做的箱子内部的温度/℃			
空心木头做的箱子内部的温度/℃			

实验结果分析:从实验记录表,可以明显地看出:用实心木头做的箱子内部的温度明显高于用空心木头做的箱子内部的温度。因此,我们可以得出结论:固体(实心木头)的热传递明显快于空心物体。这是因为固体传热方式主要是热传递,流体(空气,水)的传热方式主要是热对流,而热传递的速度明显快于热对流。

以散热为例,没有"空心"时,热量通过实心木头内部热传递散发,而有"空心"时,情况就不一样了:箱子内部热量传递到"空心"内侧时,只能通过中间的空气的对流来向外界散发热量,因此散热的速度大大下降。同理,箱外热量也不易传入箱内。实际上起到了隔热保温的作用。也即是说夏天时,外面的热量进不来,所以就会"凉";冬天时,里面的热量出不去,所以就会"暖"。

想一想,请用实验所得结论说一说唐家共乐园中的"总统房"是如何实现冬暖夏凉的?

(5)鼓励学生大胆设计新型房屋。

活动二:唐家共乐园中的小石山为何跑到榕树的怀抱中的?

(1)了解榕树有何特点。

（2）初步认识我国各地具有典型特点的榕树。

①广东新会的"鸟的天堂"。

②云南德宏芒市的"树抱塔"。

③广东顺德容奇镇桂州乡的"树桥"。

（3）唐家共乐园榕树的特点。唐家共乐园中有一株浓荫如盖的大榕树，它是棵小叶榕，生长在一座2米高的塔上，此塔谓"故容塔"，又称"标志塔"，是唐绍仪为移山填壑而筑的。塔筑成后，来此栖息的小鸟叨来的榕树籽在塔里萌芽，后来长出一颗榕树，树根不断延伸，盘根错节地把这个塔的四周圈满了，所以人们就称它为"盘石飞榕"，为园中一胜景。

（4）科学探究活动实验。

探究主题:树根的生长。

实验目的:了解各种树的树根在空气中的生长情况。

实验前准备:3种小树,1把锄头,1把圈尺。

实验过程:用锄头分别把3棵小树的各一支根挖开,让这3支根裸露于空气中,并在下表中记录下原来的根长和根围。然后,每隔10天观察一次,并记录下3支根的根长和根围。50天后结束实验。

观察时间		初始	10 天	20 天	30 天	40 天	50 天	备注
榕树	根长							
	根围							
紫荆树	根长							
	根围							
松树	根长							
	根围							

实验结果分析:从实验记录表,可以明显地看出:_____。

想一想,除榕树的根能生长于空气中外,还有其他树的根能生长于空气中吗?

活动三:唐家共乐园中的"观星阁"真的能观测到宇宙奥秘吗?

(1)说说你了解宇宙的奥秘吗?

(2)运用何种手段可以了解宇宙的奥秘?

①我国古代人是怎样了解宇宙奥秘的?

②现代人又是怎样了解宇宙奥秘的?

(3)唐家共乐园中的"观星阁"有何特点?"观星阁"位于唐家共乐园中央的一高地,是一座两进两层楼房,前厅为长方形,有铁板护梯上2楼天台;后进为圆形,有砖砌梯级,自后进入2楼。进入2楼拱顶式的天花板绘有猎户、北斗、七宿星座示意图(已毁),屋顶露天平台有按"六分仪"天文望远镜的规格而设计的结构。"观星阁"为唐绍仪及其亲属观测天象之用,每逢农历初一、十五的晚上唐绍仪必登此阁,用天文望远镜管窥星际。

(4)科学探究活动实验。

探究主题:制作天文望远镜。

实验目的:天文望远镜的观测效果与镜筒长度、镜的口径大小有何关系?

实验前准备:两片凸透镜,大小相同长度不同的几根PVC管;几片口径不同的凸透镜;大小不同长度相同的几根PVC管。

实验过程:

①制作镜筒长度不同的3个天文望远镜,在镜的口径大小、材料相同的情况下,比较天文望远镜的观测效果。统计实验数据填写下表。

镜筒长度	天文望远镜的观测效果	小结

②制作镜的口径不同的 3 个天文望远镜,在镜筒长度、材料相同的情况下,比较天文望远镜的观测效果。统计实验数据填写下表。

镜的口径	天文望远镜的观测效果	小结

试用做成的简易望远镜观测星空,寻找一些知名的星座和星星。

例91　世外桃源

【活动指导】

世外桃源是晋代陶渊明所著的《桃花源记》中描绘的意境。在广东珠海平沙镇也有一个实实在在的世外桃源,学生们通过与世外桃源亲密接触,学会科学认知农场及农场里植被的特点,掌握科学研究的基本观察法,学会深入研究富含科学元素的事物。

【活动目的】

(1)让学生们走进世外桃源农场,真真实实地接触这个生态农庄,感受世外桃源农场的特点。

(2)利用世外桃源农场的优势,认识园里无公害蔬菜的种植与水果种植。

(3)通过走进生态农庄,感受农庄具有岭南特色的亭台楼阁及拱桥栈道。

(4)了解园中各处景色别致的景点与各种珍稀植物瓜果都是大自然与劳动人民的杰作,激发学生热爱农业科学的兴趣。

(5)初步掌握科学研究的基本方法——观察法,体验观察过程。

【活动案例】

1.了解世外桃源

(1)了解世外桃源农场的地理位置、交通等情况。

(2)了解世外桃源农场的特色。

2.走进世外桃源

(1)认识"无公害"养殖。

①学生以小组合作探究方式参观游玩。同学们领略农村风貌,观赏田园风光,体验农民生活,学习农耕知识,享受农业成果,品尝农家大餐。与老师同学一起叙说父母童年的事情,呼吸新鲜空气;听鸡和鸭对话、闻鸟与蝉合唱 。

②了解世外桃源农场园子里种了一些什么样的花卉。

③了解世外桃源农场园子里种了一些什么样的水果? 有一种很受欢迎的水果是什么?

提出问题:珍珠芭乐是如何培育出来的? 是一种什么时候成熟的水果?(向果农提出问题,作好记录)

④了解世外桃源农场园子里养了一些什么样的动物?

提出问题:动物们的生活习惯是怎么样的? 平时的喂养需要注意什么?(向畜牧员提出问题,作好记录)

⑤了解世外桃源农场里种植了什么样的蔬菜? 了解蔬菜的特点,学习种植方法。(可以在菜农的指导下进行耕地、播种、培土、浇水,记录下自己是如何种菜的)

⑥摘蔬菜进入农家厨房,亲自做一道菜给家人或者同学尝一尝,感受一次下厨的真实滋味。(记录下自己做饭的亲身感受,与父母亲和同学交流感受)

⑦走进世外桃源农场的餐厅,真正感受园子里的绿色环境、绿色土壤、绿色溪流、绿色空气、绿色阳光培育出来的蔬菜瓜果、鸡鸭和鱼虾是怎样的美味。

(2)集中讨论。

①农场园子里的蔬菜瓜果、走地鸡、鱼虾为什么会比我们在市场上购买的要好吃?

②农场园子里种植的水果个大味甜,特别是珍珠芭乐,到底是怎样长出来的? 它到底需要什么样的土壤? 如何防病虫害,如何培育?

③农场园子里的蔬菜称为"无公害",到底什么样的条件才能成为无公害? 我们居住的环境中怎样才能吃到无公害的蔬菜与瓜果?

④我们的生活环境是怎样被污染的? 如何爱护我们的生活环境?

例92　认识游艇

【活动指导】

在西雅图国际船展上,美国、澳大利亚、马来西亚等16个国家的100多艘游艇参加展出,经过2 000多名购票进场观众的现场投票评选,我国珠海杰腾造船(珠海)有限公司(以下简称"杰腾公司")制造的53英尺游艇大出风头,以优美的造型设计、先进的设备配置和精良的制作工艺广受观众青睐,被评含金量最高的"人民选择奖"(即最佳人气奖)。本活动旨在让学生们参加游艇观摩活动,通过科学观摩、探究游艇制作,增强他们探究游艇中所蕴含的科学元素的兴趣,培养他们的独立思考能力、创新思维能力。

【活动目的】

(1)引导学生们认识游艇的主要舱室名称,了解驾驶台与内舱环境。

(2)引导学生们细心观察摩托艇的形态结构,并设计简单的动力实验吸引学生去做。

(3)激励学生们通过观摩游艇(船模)设计和制作,进一步加深对游艇经济、游艇产业的认识,提高热爱海洋事业的情怀,为中国游艇产业的形成和发展打下扎实的人才基础。

【活动案例】

1.认识游艇

(1)珠海游艇基地及游艇知识概述。了解珠海游艇基地及知名游艇企业。

(2)游艇概述。

①了解游艇的行驶环境。

②了解游艇类型。

2.对游艇的探究

活动一:内在的艺术——登陆游艇的惊叹!

我们的猜想:整艘游艇除了驾驶台外的地方应该布置得挺简单。

探究方法:登上游艇,一个一个舱室观察了解。

研究过程:

(1)到杰腾公司的新游艇上仔细参观。

(2)观察舱外环境。

(3)逐个参观驾驶台与几个主要内舱室。

(4)依次比较各部分的装饰程度。

活动二:探究海洋的动力——摩托艇飞驰的秘诀。

我们要研究的问题:摩托艇的形态结构、动力特点。

我们的猜想:安装了马达的摩托艇才能在水中飞驰起来,参加比赛。

探究方法:准备好两块同样大小的泡沫板,在一块泡沫板滴上风油精(模拟马达的动力原理),另一块泡沫板则保持原样。然后同时将它们放入水中,看哪一块泡沫板行进得快一些。

其他探究活动参考选题

(1)你知道世界上最大的游艇有多长吗?

(2)意大利、克罗地亚、美国生产的游艇风格有何差异?

(3)现代游艇除了传统的木质结构,还新产生了哪些建造材质?

(4)你了解各类游艇的价格吗?

(5)整理参观学习后的记录,画出心目中理想的游艇。

(6)你能根据参观收获,自己亲手设计制作一艘游艇模型吗?

例93 神奇的蚯蚓王国

【活动指导】

本案例结合珠海本地的资源特点,让学生们走进珠海蚯蚓养殖基地去探究蚯蚓。选择蚯蚓作为研究对象,就是希望通过学生们深入的观察和研究,探究蚯蚓的神奇秘密,从而培养学生研究身边小动物的兴趣。让学生们亲身体验研究小动物的过程,比直接告诉他们事实理念使他们的感悟更深。

【活动目的】

(1)通过细致的观察,引导学生分析蚯蚓在泥土中蠕动的过程,从而发现蚯蚓在泥土里来回运动除了可以帮助植物生长,还可以增加泥土含氧量。

(2)引导学生观察蚯蚓被切断,在显微镜下会有怎样的反应。听研究员讲解为何蚯蚓在被切断后依然能够存活下来,探究蚯蚓存活的科学知识。

(3)通过参观蚯蚓研究基地里的蚯蚓图片展览,促使学生发掘出蚯蚓的经济价值。蚯蚓本身还可以做药用。

【活动案例】

1.了解蚯蚓与珠海蚯蚓研究基地

(1)认识蚯蚓。如:生活环境、外形特征、呼吸系统、繁殖等。

（2）了解珠海蚯蚓研究基地——珠海博康药业有限公司。

2.对蚯蚓的探究

活动一:你观察到的蚯蚓是怎么样的？请把他们的样子描绘下来。

活动二:观察蚯蚓的行走。

我们的猜想:蚯蚓是直线行走的。

研究方法:观察蚯蚓平时爬行的样子,再改变道路的倾斜度进行研究。

研究过程:

（1）到泥土边观察蚯蚓的行走。

（2）将蚯蚓放在平坦的路面上观察它的行走方式。

（3）做出一个 45°的斜坡,将蚯蚓放在上面观察。

说说你的发现。

活动三:蚯蚓喜欢糖水吗？

我们要研究的问题:蚯蚓喜欢糖水吗?

我们的猜想:因为糖水的刺激小,所以蚯蚓才喜欢糖水。

研究方法:用 5 种不同液体（酒精、醋、肥皂水、盐水和糖水）分别滴在蚯蚓身上,观察蚯蚓有什么反应。

研究过程:

（1）把酒精滴在蚯蚓的身上。

（2）把醋滴在蚯蚓的身上。

（3）把肥皂水滴在蚯蚓的身上。

（4）把盐水滴在蚯蚓的身上。

（5）把糖水滴在蚯蚓的身上。

（6）观察并且记录。

说说你的结论。

写一篇研究小论文,内容可以包括研究的目的、研究的内容、研究的方法、研究的过程与记录、我的收获等,也可以收集其他科学家研究蚯蚓的课外知识写一篇读后感。

其他探究活动参考选题

(1)蚯蚓是什么样子的?

(2)蚯蚓是怎么移动的?

(3)蚯蚓吃什么?

(4)蚯蚓对土质的改善有什么帮助? 如何帮助?

(5)蚯蚓的生存环境是怎样的?

(6)蚯蚓有什么经济价值?

(7)用蚯蚓养殖肥料种植的水果和普通水果有什么不同?

例94 会同新时代的宠儿——金果达果园

【活动指导】

来到珠海金鼎会同村,不能不提这里的果园——金果达果园。在这里,学生们探究了龙眼的种植与管理方法、嫁接技术、株行距与产量的关系,并进行了果园与蜜蜂关系的调查。

金果达果园里的龙眼、荔枝品种齐全,味道佳美,远销世界各地,珠海也有很多人慕名前来这里品尝。

【活动目的】

(1)通过观察、调查、收集资料等方法,了解龙眼种植的环境和管理方法及其嫁接技术。

(2)通过亲身经历了解龙眼干的制作原理和方法。

(3)通过实验探究龙眼植株的株行距与产量的关系。

(4)实地进行果园与蜜蜂关系的调查。

【活动案例】

1. 探究龙眼的种植和管理方法

(1)了解种植龙眼的地理环境。龙眼适宜于塘基、堤边、平地、山脚和山坡地种植,且以选择东向或东南向的坡地种植为宜。山地坡度以25°以下为宜。沿海地区则以选择背风坡向为宜。以土层深厚的红壤土、砂质壤土、砾质壤土,pH5.4~6.5的土壤条件最适于龙眼栽培。在平地或堤围、水基种植龙眼,要选择离地下水位至少0.7~1米以上之处种植。珠海金鼎会同村各方面的外在条件正符合上述要求,龙眼在这里当然能茁壮成长啦!

(2)科学的管理方法。

①施肥标准化。

②病虫防治综合化。

③树体管理科学化。

2. 探究龙眼的嫁接技术

(1)了解什么是嫁接。嫁接是植物的人工营养繁殖方法之一,即把一种植物的枝或芽,嫁接到另一种植物的茎或根上,使接在一起的两个部分长成一个完整的植株。

(2)了解嫁接的方法。如:靠接法、劈接法、插接法等。

(3)了解嫁接的意义。嫁接既能保持接穗品种的优良性状,又能利用砧木的有利特性,达到早结果及增强抗寒性、抗旱性、抗病虫害的能力,还能经济利用繁殖材料,增加苗木数量。常用于果树、林木、花卉的繁殖,也用于瓜类蔬菜育苗。

3. 探究龙眼干的做法和功效

(1)龙眼干的制作原理。龙眼干的焙制,是借助热力作用将果实中的水分降低到一定限度,使其可溶性物质的浓度提高到微生物难以利用的程度。由于龙眼干经热力作用水分含量减少,酶的活性同时也受到抑制,所以可以进行较长时间的保存。

(2)龙眼干的制作方法。制作方法包括选料、剪粒、浸水、过摇、初焙、再焙、剪蒂、分级、包装几道工序。

(3)质量要求。外观颗粒圆整,大小均匀,壳黄色,外层略带粉状物。壳硬而脆,手捏易碎,用齿咬核易碎且有声响,肉质厚实,黄褐色半透明状,果肉表层有一层极细致的皱纹,果柄部有一圈红色。肉头与壳核相粘,手触果肉有点点粘性,肉与核易剥离。味甜,带清香,吃时无干硬感觉,嚼后少渣,果肉含水量在15%~19%之间。龙眼干在南方更多用于泡水喝,或者与红枣、莲子、芡实一起煲汤喝。

4. 探究龙眼植株的株行距与产量的关系

深入果园实验,探究龙眼植株的株行距为多少最适宜。

准备实验材料:米尺、笔、相机、记录本。

活动过程:测量两棵龙眼植株之间的距离,把测试的结果记录在下列表格中,然后算出平均数据。

平地沃土的测量数据表

行距种类	数据1	数据2	数据3	平均数据	生长特点、产量情况
大行距					
小行距					

丘陵山地的测量数据表

行距种类	数据1	数据2	数据3	平均数据	生长特点、产量情况
大行距					
小行距					

实验结果分析:通过实验我们知道龙眼的栽植密度,平地沃土或堤围、水基,株行距以6~7米为适宜;丘陵山地可稍密些,以5~6米为适宜。在条件相同的情况下,果园内单株种子产量的多少,光照强度、光合利用率是决定因素。单位面积种子产量的多少,则决定于单位面积上恰当栽植的株数。如果定植的株行距过稀,今后结实的植株当然少,株行距过密则又影响植株所接受的光照。

5.调查蜜蜂与果园的关系

为什么要在龙眼园养殖蜜蜂呢? 他们之间有些什么联系?下面我们带着这些疑问继续探究,首先我们一起来了解一下蜜蜂吧:

(1)认识蜜蜂。

(2)探究问题。

①为什么要在龙眼园内养殖蜜蜂?

②果园与蜜蜂之间有些什么联系?

经过实地观察、访问及收集资料,原来在果园里养殖蜜蜂的作用是相互的! 蜜蜂为果树传粉,使果树的产量得到大幅度提高。有蜜蜂在,果树就不再怕蝽蟓的为害了,园林工人不需使用农药灭虫就能培育出纯正的绿色食品。我想这是会同村龙眼品质保证的原因吧! 当然果园也为蜜蜂提供了广阔的活动天地,使蜜蜂每天都无私地为人们酿出优质的蜂蜜来。这不正体现了自然界高度的和谐吗?

(二)环境保护

近年来由于人类生存环境遭到严重的破坏,随之各种地质灾害时有发生,破坏力之大令人震惊。另外,经济快速发展引起的环境污染也随处可见。作为未来接班人的青少年,应了解环境的构成,了解环境问题中存在的问题,从而意识到保护环境的重要性,为保护地球家园出一份力,尽一份心。

下面的科学教育案例是与我们的生活环境息息相关的,由学生们实地考察了解所生活的环境,探究一些人类的开发行为对环境影响的利与弊,从而引起对环境的高度关注,增强环保意识,从小担负起保护环境的责任。

例95 绿色植物与生物圈的水循环

【活动指导】

在本课例中,教师按照"叶片的基本结构——气孔的构成——气孔的开闭控制蒸腾作用的强弱——绿色植物参与生物圈水循环的意义与保护森林的情感意识"这样一个教学流程展开教学。

理解绿色植物与生物圈的水循环两者之间的关系,对于初一的学生来说有一定的难度。本课例中教师首先通过"一株玉米从出苗到结果实的生长中所吸收的大约99%的水哪里去了?"这个问题激发学生对植物水分的消失产生疑问,接着引导学生制作菠菜叶横切面的临时切片,从中认识植物叶片的基本结构,进而发现叶片内部气孔的不同。接着启发学生思考:植物吸水量的 99% 都通过蒸腾作用散失掉了,这是不是一种浪费呢? 借助《生物圈的水循环》图,让学生分析讲解绿色植物在水循环中的作用,最终达到培养学生保护绿色植物、保护森林的意识。从本课例出发,我们在教学有关爱护环境的科学课时,也可以采用这样的由浅入深的教学模式。

【活动案例】

1. 教材说明

这是初一上学期的生物科学课,共两课时。

2. 教学目标

(1)尝试用徒手切片的方法制作临时切片,认识绿色植物叶片的基本结构。

(2)解释气孔控制水蒸气和二氧化碳进出叶片的机制。

(3)认识绿色植物通过蒸腾作用促进生物圈水循环的意义,初步形成保护森林的意识。

3. 课前准备

(1)学生准备。

①预习课本实验操作内容。

②课前调查。利用干湿计测量裸地、林地的空气湿度,并进行比较。

③查询书籍、网站、录像,搜集一些有关绿色植物通过蒸腾作用促进水循环、保持水土方面的资料。

(2)教师准备。

①根据课本准备实验《观察叶片的结构》的材料用具。一

是准备两种菠菜叶片,其中一种是新鲜的叶片(保卫细胞内含水较多,一般气孔张开),另一种是稍微萎蔫的叶片(保卫细胞失水较多,一般气孔关闭)。二是准备几种不同的植物叶片(一些是叶肉分化明显的叶片,一些叶肉分化不明显)。

②准备进一步探究的第 2 个实验(将一片刚摘下的叶片浸在盛有 70 ℃以上热水的烧杯中,看叶片表面会不会产生气泡)的材料用具。

③查询书籍、网站、录像,搜集一些有关绿色植物促进水循环、保持水土方面的资料。

④制作有关气孔开闭机制的课件。

4.教学过程

(1)导入新课。教师出示资料:一株玉米从出苗到结果的生长(过程)中,大约要消耗 200 千克以上的水。引导学生通过阅读资料,产生疑问并提出问题:植物为什么需要这么多的水呢? 吸收的水分中大约 99% 的水哪里去了? 水是从哪儿散失的等等。以此引发学生的好奇心,激发学生探究的兴趣。

引导学生联想小学科学课中的内容,自己找出答案:植物体内的水分是通过叶的蒸腾作用散失的。

(2)探究过程。

①叶片的基本结构。学生两人一组进行实验。

(a)练习徒手切片,制作菠菜叶横切面的临时切片。

(b)使用显微镜先观察叶片横切面的临时切片,再观察叶片的永久切片。根据《叶片结构示意图》对比归纳叶片的基本结构。

教师作巡回指导,提示切割方向(横切)、观察角度等等。组织讨论,通过问题提示,鼓励学生与同学合作共同归纳叶片的基本结构。要提出的问题:徒手切片是否成功? 你是怎样做的?
制作切片时应注意些什么? 怎样才能更容易成功? 对其他同学
的做法有何意见? 你看到了叶片的哪些结构?

②气孔控制水蒸气和二氧化碳等气体进出叶片的机制。学
生两人一组进行实验。

(a)将一片刚摘下的叶片浸在盛有 70 ℃ 以上热水的烧杯
中,观察现象并讨论,最后得出结论:一般叶片的上下表皮都有
气孔,而且下表皮气孔数目多于上表皮。

教师指导学生实验,通过问题引导学生讨论,共同得出结
论。提出问题:叶片表面是否产生气泡? 如果有,比较叶片正面
和背面,哪一面气泡数目较多,为什么?

(b)制作菠菜叶下表皮临时切片,在显微镜下对比观察新
鲜的菠菜叶和萎蔫的菠菜叶制作的下表皮临时切片,了解气孔
的结构、保卫细胞含水量是否与气孔开闭有关。

教师指导学生实验探究,引导学生发现问题,并提出问题,
通过学生对实验结果的讨论解决问题。提出问题:气孔是怎样
形成的? 为什么气孔可以张开和闭合,是谁来调节的,是否与叶
片所含水分的多少有关?

(c)用显微镜观察蚕豆叶下表皮的永久切片,了解保卫细
胞壁厚薄不均匀,气孔控制水蒸气和二氧化碳进出叶片的机制。

教师提示保卫细胞的开头是怎样的,细胞壁的厚度是否均
匀,受到拉力时伸展情况是否一样。

(d)按课本要求画图,教师提示绘图的要求。

③认识绿色植物通过蒸腾作用促进生物圈水循环的意义。
学生 4 人一组进行实验。

(a)根据问题讨论总结出蒸腾作用对植物自身的意义。

教师根据问题引导学生讨论总结。提出问题:植物吸水量的99%都通过蒸腾作用散失掉了,这是不是一种浪费呢? 俗话说:"水往低处流",为什么植物体内的水却是往高处流的,动力是什么? 为什么在炎热的夏季树林里的空气凉爽湿润,而操场或马路上的空气就显得燥热呢?

(b)观察《生物圈的水循环》图,描述地球上的水循环过程。根据课前测量的林地和裸地空气湿度的对比资料,分析讲解绿色植物在水循环中的作用。

教师引导学生观察,师生共同建构水循环的图表。组织学生展示自己调查的资料,发表意见,各小组相互补充。

(c)观看资料,结合课前搜集的资料谈一谈自己所受到的启发和感受,进一步明确保护森林、爱护绿色植物的重要意义。

教师播放录像、展示资料,进行热爱自然、保护森林的情感教育。

演示实验:取甲、乙两枝大叶的木本植物的枝条,摘掉甲枝条全部的叶片,保留乙枝条全部的叶片。将它们插入盛有红墨水的锥形瓶中,移到有阳光照射的地方。待到乙枝条叶脉微红时,取出甲、乙两根枝条,用清水洗净后纵切枝条,进行观察比较。(可放在实物投影仪上进行观察)

(3)课堂小结。引导学生回顾本节课的主要内容,理清思路:叶片的基本结构——气孔的构成——气孔的开闭控制蒸腾作用的强弱——绿色植物参与生物圈水循环的意义与保护森林的情感意识。

(4)作业。请同学们课下查找资料,了解黄河的现状并根据自己对本课内容的理解,谈一谈怎样才能使黄河恢复诗人笔下"君不见黄河之水天上来,奔流到海不复回"的壮观景象。

例96　地球里面是什么样的

【活动指导】

本课例是建立在学生对地球形状、大小等已有了初步认识的基础上,应用模型的方法引导学生认识地球的内部构造。

通过让学生根据活动记录对地球内部情况作一个预测,再切开煮熟的鸡蛋,类比地球的内部构造,最后用橡皮泥做地球内部构造模型。通过这个活动,可以将无法直接观察的抽象的地球内部情况变得具体,变枯燥为有趣,取得多方面的教学效果。

课程分以下几个步骤进行:第一步,通过阅读网络课件中关于地球内部构造的资料,明确本课需要解决的几个问题;第二步,围绕问题查找有关火山、地震现象的资料,并推测地球内部的情况;第三步,制作地球内部构造模型,进一步理解地球的内部构造;第四步,进行保护地球的教育。课程设计为学生创设了丰富的学习环境,使抽象、枯燥的学习变得具体、形象。

【活动案例】

1.教材说明

这节课选自苏教版五年级上册第一单元第二课《地球里面是什么样的》,应用模型解决科学问题的方法是本册教材能力训练方面的重点。

2.教学目标

(1)能尝试用构造模型的方法思考问题、解决问题,能够通过网络查找火山和地震现象的有关资料,并据此作出简单的解释。

(2)知道地球是由地壳、地幔、地核三部分组成的,知道可以用模型方法来解释科学问题,知道火山喷发的炽热的岩浆来自地球内部。

(3)愿意合作与交流,体会科学探究中建立模型的意义,珍爱并善待地球,初步形成人与自然和谐相处的意识。

3. **课前准备**

在实际教学中,教师作如下准备:

(1)在网络教室进行教学。

(2)一个包括地球内部构造及火山、地震现象等资料的网络课件。

(3)与学生一起准备好一定量的熟鸡蛋、各色橡皮泥,让学生提前在网上搜集有关地球内部情况的资料等。

4. **教学过程**

(1)导入新课。

①出示一段科学家正在钻探地下的录像,问:同学们你们谁知道录像中的人在干什么吗?(学生一般会提到采矿、探油、打井等)科学家是在探索地表下的情况,但他们探索的还只是地球表面以下浅浅一层里的宝藏,那么同学们知道地球更深的里面是什么样的吗?想象一下还可以有些什么方法来探索地球内部?

②学生讨论交流。

(2)认识地球的内部构造。

①首先请大家拿起桌上的半个鸡蛋,说说它是由哪几部分组成的。仔细观察鸡蛋的结构,它的各部分是什么样的?

②学生汇报观察结果。

③课件演示(展示地球内部结构的图片)。教师讲解:科学

家根据对地震波的研究发现,地球可以分成3层,从表面到地心分别是地壳、地幔和地核。地球的这3个部分就像鸡蛋可以分成蛋壳、蛋白、蛋黄一样。

④通过网络课件提出问题:地壳是地球的表面部分,它的平均厚度是多少,一般由哪些物质构成? 地幔在地壳下方,它的厚度大概是地壳的几倍? 地核位于地球中心,科学家估计它是由什么组成的,它的温度有什么特点?

⑤学生可以通过网络及其他的网页链接找到对以上问题的解释。要注意一是要引导好学生查找解决疑问的重点内容。二是要求学生尽量在阅读资料后用自己的话来表述。一般学生可以了解并理解到以下内容:

地壳是由地球表面坚硬的岩石组成的,也包括岩石表面的土壤等,它很薄,平均厚度为20千米。地壳的厚度并不是完全一致的,陆地部分厚,海底部分薄,陆地上又是高原地方厚,平原地方薄。

地壳下面的部分是地幔,大约有2 900多千米厚,是地壳的150倍左右。

地球中心的地核约厚3 473千米,科学家估计它是由铁、镍组成的,温度很高。

⑥提问学生是否还有其他问题。

⑦小结。

评析:学生本身对地球内部的构造是比较陌生的,但是通过查找资料解决问题的方式,可以很好地激发学生的主动性,了解知识的目的性强,对记忆帮助较大,并且由于学生主动上网查找资料,他们了解知识的深度和广度会因人而异。

(3)推测地球内部的情况。

①播放火山、地震的录像资料,提问:地震发生时、火山喷发的时候有什么特征? 它们产生的大致原因是什么?

②学生先通过网络学习有关火山、地震的知识,小组内部讨论后回答问题,教师择要整理(板书)。

③提问:这些现象的产生告诉了我们什么呢?

④学生讨论交流。(把运动和温度合并在一起讲,学生讨论的时候可以适时进行温度的计算)

⑤小结。这些事实说明地球内部并不像表面看到的一样平静,每时每刻都在不停地运动,正是这样缓慢的运动造成了火山和地震。而且我们从这些现象里还可以知道地球内部的温度是很高的,连岩石都成了液体形态的岩浆了。

(4)制作地球内部构造的模型。

①学习了地球内部的知识,相信同学们都已经知道了地球的构造,你能用不同颜色的橡皮泥制作一个地球内部构造模型吗?

②提问:地球的 3 个部分是不一样厚的,你打算怎样来表示各部分的厚度呢?

③讨论交流。

④学生制作。

⑤展示优秀作品,总结制作情况。

评析:制作地球内部构造的模型,实际上就是学生们用双手凝聚思维的过程,是一个思维外显的过程。由于课本上已有大致的制作方法和制作过程,制作难度也不大,所以教师最好不要演示制作过程。也许因为动手能力等多方面的原因,孩子们的作品会有这样那样的欠缺,这并不要紧,重要的是我们要让学生学习地球模型的制作,也要让他们了解自己。爱因斯坦的小板凳不是也很拙劣的吗？但是谁又能否认他为之付出的努力呢？因此作为教师我们更注重的是一个过程，一个展示学习成果的过程，一个以积极、良好的心态参与的过程。

（5）保护地球。

①介绍我国在东海钻探的资料。

②用玻璃管和橡皮泥团演示，讲解什么是钻探，什么是岩芯，以及钻探的意义。

③看教材第 7 页的资料，提问：你同意这项计划吗？为什么？

④讨论交流。

⑤总结。

评析：科学研究是服务于人类生活的，当它影响人与自然和谐相处的时候我们就要反对。科学教育最重要的就是要教会学生与自然相处，树立人与自然和谐相处的科学态度，爱护地球、善待地球的意识正是这个态度在本课的集中体现。但是在教学中我们要注意避免流于形式，喊口号，要让学生的情感受到熏陶。

例97　科学避难

【活动指导】

本课例教师一共组织了 6 个活动，分别是：播放视频感受地震场景；了解地震是怎样产生的；地震前的预兆；地震的危害；地震发生时如何避险；选择科学的逃生路线。

2008 年 5 月 12 日四川汶川发生的 8 级大地震，2009 年智利发生的 8.8 级大地震，还有海地、台湾……地震是多么让人恐慌的字眼呀！研究地震，就是为了在地震发生时能逃生。仅仅是枯燥地介绍地震的起因和原理，会使一堂有意义的课变得乏味。重点把握、多样的活动、科学安排才能让这堂课上出味道，让学生学有所得。教学地震，可以从地球构造及火山的形成开始，之后引导学生通过模拟实验和搜集处理信息资料认识地震灾害；可以让学生研究地震的成因以及学习对地震进行预测；让学生知道地震与人类生活的关系；让学生了解我国古代人民探索预测地震的方法；还可以组织学生进行模拟地震演习，让学生认识到如何运用知识守护自己的生命……有机地组织这些知识的教学，会使学生产生不同的体会。

除了地震，大自然给我们制造的灾害还有很多，如：海啸、龙卷风、洪水、泥石流、台风……这些不同的灾害的避难方法也不尽相同，有效地教学生科学避难，是有备无患的。

本课例中教师合理安排各个教学环节的时间，利用我国发生的实例来进行引导。由于讲学此课时，前文提到的地震还未发生，因此，没进行引用，相信此课放在今天进行教学，效果将会更好。

【活动案例】

1. 教材说明

这节课选自义务教育课程标准实验教科书五年级上册。

2. 教学目标

（1）了解地震现象的成因和地震危害，掌握一些科学的地震避险的方法。

（2）通过查阅资料，培养收集信息的能力，激发学生对科学研究的兴趣。

(3)培养遇险沉着冷静面对的生活态度,培养不畏惧自然灾害的精神。

3.课前准备

让学生利用各种渠道收集有关地震方面的资料。由于四川汶川大地震、日本大地震都牵动着每一个人的心,有关地震的方方面面都有不同程度的报道和研究,学生对地震的危害体会很深。

4.教学过程

(1)播放视频导入新课。播放唐山大地震视频资料,展现唐山大地震发生后的景象。1976年7月28日,河北唐山发生了7.8级大地震,顷刻间使这座拥有百万人口的工业城市成为一片废墟,24.2万人死亡,16.4万人受伤,倒塌民房530万间,直接经济损失54亿元人民币。

学生大都没有经历过大地震,播放唐山大地震的资料,能给学生强烈的心灵震撼,从而引出本节课要研究的问题:关于地震同学们了解哪些知识? 学生出现冷场场面,毕竟没有多少人亲身经历过大地震。教师及时转移话题:关于地震,你最想了解什么?

同学们提的问题还真不少,主要是地震产生的原因、地震前的预兆、地震后的危害等。下面我们将一个一个的来研究这些问题。

(2)了解地震是怎样产生的。

①请同学们仔细阅读课本第86页第1、第2自然段。提问:通过阅读,你了解了哪些知识?

②发给每个学生一根筷子,体验一下震动的感觉。

同学们折筷子,筷子被折断时,手会觉得很麻,麻就是一种震动的感觉。破裂的岩石沿着断裂形成的裂缝移动时,大地就会震动,这就是地震。

③课件展示地震原理示意图。

(a)震源指地层深处岩层断裂产生的地方,那震中指什么?

(b)冲击波指什么?冲击波相当于折断筷子时产生的震动。学生回答:冲击波就相当于往平静的水里丢一块石头,产生的一圈一圈向外扩散的波纹。

评析:这里学生的分析比教师更形象、更易懂。

冲击波是有能量的(水波也是有能量的),地震是地球内部释放能量的一种形式。地震是一种自然现象,是我们无法阻止的。让学生说说地震发生时会有一些什么奇怪的现象。

(3)地震前的预兆。

①问学生地震前有没有预兆,有什么征兆?

评析:教师要重视这一个问题。地动仪是发生地震后的一种监测仪器,古时候通讯不发达,某地发生地震要好长时间才能报到朝廷,而地动仪能及时监测到某个方向发生了地震。目前,还没有一种仪器能准确地预报地震。

②地震是有预兆的,但出现预兆的地方不一定就会发生地震,因为有些预兆现象可能是很远的地方将要发生强地震。但有了预兆,我们就要引起重视。

(4)地震的危害。地震发生时会造成严重的自然灾害。

①课件展示地震的危害:地貌发生改变,铁轨扭曲,道路开裂塌陷,建筑物倒塌,引发海啸、山崩等。

地震的两大特点:一是时间短,从几秒到几十秒;二是破坏力大,人员伤亡严重,经济损失巨大。请同学们阅读教材第88页第1自然段。

②中国是一个地震多发国家,从 1900 年以来,全世界因地震造成的人员伤亡是 120 万,其中中国约占 1/2,有 59 万,这其中唐山大地震就有 24.2 万人。刚才同学们提到了我们黄山市有没有发生过大地震,老师查过资料,黄山市近 100 年来没有发生过大的地震。2005 年 11 月 26 日早上 8 点 49 分……

评析:教师备课还是非常充分的,学生都非常关心当地是否发生过地震,是否属于地震多发地带。

(5)地震发生时如何避险。

①地震的威力如此巨大,时间又这么快,地震又是无法避免的,因此如果我们能掌握一些合理有效的避震方法,就能避免一些不必要的伤亡。应如何进行紧急避险呢?下面我们来做游戏。

②展示课件。看大屏幕,这里有 5 处场所:野外、户外、商场、家里、剧院。发生地震时,你选择什么方法避险?考虑时间只有 10 秒,请选择场所。

③游戏:你在课室里,发生地震了,你该怎么做?

评析:游戏一共进行了 7 分钟,同学们非常投入,整堂课的气氛此时达到高潮。

④回顾游戏过程,为什么墙角处可以保护你?这是因为墙角处有一个直角,易于形成三角形空间。

(6)选择科学的逃生路线。

①学生讨论。有时地震发生后,房屋尚未倒塌,但可能仍有余震发生,这时我们就要赶快逃生。同桌同学互相讨论:假设我们这里刚刚发生地震,怎样逃生呢?(讨论非常热烈)

评析:结成布绳子,也是一种逃生方法,可用于发生火灾时,出口被堵的情况。教师首先要予以鼓励,然后指出其不足。

学生回答:从楼梯出去,要有秩序,不能太急,否则一拥挤谁也出不去。排队出去等。

教师引导:认真观察学校的环境,教室大门可以通过 3 个人,楼梯也可以,但有一个拐弯处,只能并排通过 2 人,因此我们排队时,并排只能是……排 2 路纵队。

学生回答:逃生时还要想好路线,不能东跑跑,西跑跑,浪费时间还跑不出去。逃生时,我们还可以用一个坚硬的东西挡住头部,如板凳。

教师引导:用坚硬的东西挡住头部,可以保护头部,以防东西砸下来。

②把大家的意见综合一下,说一说我们现在的逃生路线(教室在二楼)。灾难来临时一定要冷静,要选择好正确的避险方法和逃生路线。

③下课时间到了,我们来进行一次逃生演习。同学们把学习用品整理好,准备逃离现场,目标大操场。

学生迅速整理学习用品,有秩序地离开,一节课就在演习中结束。

例98 解秘广东民居

【活动指导】

学生对广东民居进行学习探究,以古元故居为代表,探秘古元故居的天井设计对故居通风、采光、湿度的影响,解密古元故居中的"冷巷"设计到底冷不冷?

广东大部分地区属于亚热带季风气候,其炎热有别于大陆性气候的武汉、长沙,更不同于干热且温差大的新疆地区。在广东的建筑内主要采用通风的办法散热,而不是用围护的方法阻止热量进入室内。建筑自然通风的形式有风压通风和热压通风两种,两种方式的作用原理不一样。风压通风是通过空间尺度的变化,造成建筑迎风面和背风面空气密度的不均匀,从而产生压力差而形成风。热压通风则是通过温度的变化和进出风口的高差,造成室内外空气密度的不均匀,形成冷热空气的交换,从而形成风。这两种通风模式在广东传统民居中都被灵活地运用了。研究民居建筑的自然通风技术将给现代建筑设计带来有益的经验和启示。

在广东传统建筑中,通风的处理手法有多种,较常见的有设置天井、冷巷、漏空墙、走廊、中庭以及通风门窗等。

【活动案例】

1. 古元故居的天井设计对故居通风、采光、湿度的影响探秘

(1)认识天井。天井是指徽派建筑中房屋和房屋(或围墙)围合成的露天空地。徽州民居除少数"暗三间"外,绝大多数房屋都设有天井。三间屋天井设在厅前,四合屋天井设在厅中。这种设计使得屋内光线充足,空气流通,但冬天冷,雨天潮。天井的设计同徽州的经商传统也有很大关系。按风水理论,水为财之源。经商之人,忌讳财源外流。天井能使屋前脊的雨水不流向屋外,而是顺水枧纳入天井之中,名曰"四水到堂"或"四水归明堂",以图财不外流的吉利。

广东地区的许多早期建筑,例如古元故居,为了采光与通风,采取回字型的建筑(从空中向地面看),最里面的小口不盖留空,也就是所谓的"天井"。天井比较大的话,就形成大家说的"中庭"。当然更大的建筑也可以是日字型、双中庭的形式。

①天井通风的原理。在民居的通风系统中,天井、厅堂、廊道三者互相联系,起着密切配合的作用。但在三者之中,天井起着组织和纽带的主导作用。下面就天井的位置、数量、形状和深浅等方面进行探讨。

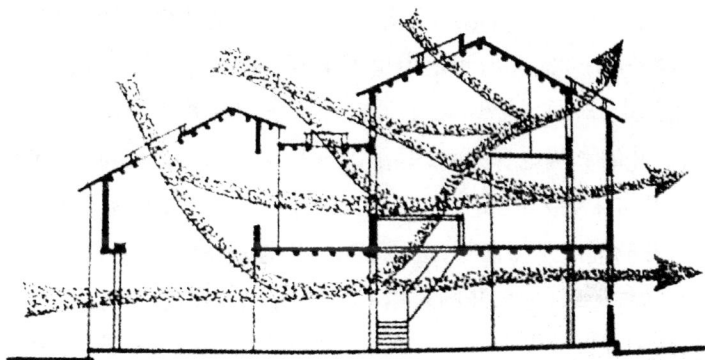

天井通风气流路线图

(a)位置和数量。天井有单天井和多天井之分。小型民居只有一个天井。中型民居有两个以上的天井,一个在前院,称前天井,一个在后院或侧院,称后天井或侧天井。在通风系统中,前天井主要起引风作用,从天井引风到厅堂和房间。而单天井的民居通风中有一个遗憾,即只有一个进风口,而没有出风口。为此,它要找出风口。解决的办法只有两个:一是靠公共出风口,即村落或集镇中的巷道或街道;二是在自己的住宅的边围设置一条南北的巷道。双天井的民居中,前天井作进风口,后天井或侧天井作出风口。当风向变化时,两者的作用可以转换。冷风主要通过廊道来输送。多天井的民居,就是密集式的民居。在这类民居中,中轴线院落布置有几个天井,起进风作用。两侧有从屋巷,都是狭长型的天井,起到冷巷的作用。

（b）形状与进深。从气候角度来说,天井的形状为南北向纵长方形为好,这样的进风量大且快。但通常是,天井两旁还布置有其他房屋,也需要通风,而广东的天气中,夏季多东南风或东北风,故南北纵长形的天井也不利于东西两侧房屋的通风。从实践和实际的民居测定中也了解到,在梳式和密集式民居总体布局中,对通风流速和强弱起直接作用的是天井的进深,当然,天井的形状也有关系,但作用不是主要的。因此,广东民居的天井常采用方形或长方形（东西向长）的平面形状。横长方形天井的优点是横向长,进风面宽,量也大,故民居的前天井常采用这种形式,后天井则采用方形平面。如果是三合院小型民居,则天井做成方形。一方面是天井两侧布置有辅助房,要从实用经济出发,另一方面可以减少东西朝向阳光辐射热。此外,天井还要综合考虑具备进出风口的作用等因素。

在民居中天井的尺度一般都不大。对广东民居的实际调查显示,天井的进深在 3.5~6.0 米之间,小者为 2.1 米,大者（如前院）进深达 9.5 米。平面进深与宽度之比一般在 1:2 与 1:3 之间。天井的进深以不超过 6 米为好,而天井的檐高与进深之比以 1:25~1:40 为最佳。

②采光的原理。

（a）天井与影壁的采光。天井是民居建筑中最为成功的构件之一,由于四面外墙坚实少窗,单体建筑体量大的特点,天井成为采光的重要手段。主体建筑的中间设有一个体量较大的天井,天井的大小与建筑物体量的大小成正比例关系。在纵向多进建筑中,则有多个天井,天井一般在中轴线上。天井能够引入大量的光线,分散到室内各房间。主体建筑假如在横向上有附属建筑,在两者之间还设有较小的天井,俗称"虎眼天井"。一般"虎眼天井"旁的墙壁刷成白色,多为照壁,或绘上浅色吉祥图案,既可以装饰墙体,又可以反射更多光线进入室内。

(b)门窗采光与防晒。由于建筑坐北朝南,南向是建筑物的正面,是"脸面",门窗多开设在南向,在建造时力求丰富、精美。广东地区的民居大门一般十分高大,除了气势威严以外,采光也是一个重要方面。大门明间凹进去甚多,有的整体凹进去形成廊,而上方的屋檐不随着凹进去,这样既可以使光线进去,又防止夏天太阳直射进入室内,减少太阳辐射,起到防晒作用。天井四面,两侧厢房更是以满周窗的形式来体现,可以最大限度地采光。

(2)探究活动。测量古元故居天井旁各个房间的湿度变化和感光度变化。

准备的材料:秒表、湿度表、数字测光仪、数码相机、钢笔(原珠笔)1 支、记录表 1 份。

探究步骤:

①拿出事先准备好的湿度表(湿度表有指针式、汞柱式、电子式),以进入天井的大门为起点,按顺时针方向沿每间房间测量房间内部的湿度。

②利用手中的秒表记时,测量的时间不能少于 5 ~ 8 分钟,且每间房间的记时时间相等。记时测量完毕,读取湿度表上的数字,并用笔记在你的科技测量记录表里。

③观察与发现。

(a)科技测量记录表中你所测量的湿度读数最大的房间,表示它受天井通风的影响最小。相反,科技测量记录表中你所测量的湿度读数最小的房间,表示它受天井通风的影响最大。

(b)找一找,受天井通风影响的每间房间你认为它的出风口在哪里?请记录在你的科技测量记录表里。

④科技测量记录表的设计见下表。

科技测量记录表(民居湿度测试)				
时间	地点	湿度值	受天井的影响备注	出风口位置备注

⑤测量感光度的变化。

方法1:拿出事先准备好的数字测光仪器——测光表测量。测光方法:

(a)先要把测光表调到连续光测光模式。

(b)把测光表的感光球头拧至全部突出的位置。

(c)在与被测物体同样的受光环境下,手持测光表让其与被测物体同等高度,与地面呈90°。

(d)把测光表感光的一面向上倾斜30°。

(e)再向向光的一侧倾斜15°。

(f)按下测光按钮取得光圈值与快门值组合。

方法2:拿出事先准备好的数码相机进行测量。测光方法:

(a)先把数码相机的模式调整到 ISO 自动模式。(一些高级数码相机有 ISO 优先挡,又称高感光度自动挡,用来拍摄光线较暗情况下的物体,例如夜景、演出等)

(b)利用数码相机进行室内拍摄。值得注意的是不能使用闪光灯模式。

(c)回放数码照片,在照片信息里调出拍摄的数值,记录 ISO 的值。

⑥按以上测量湿度的顺序依次测量每间房间的感光度,并将读数记录在你的科技测量记录表里。

⑦观察与发现。

(a)测光表的数值呈现出的是光圈值与快门值的组合。光圈值越大表示受到光线的影响越大,相反光圈值越小表示受到光线的影响越小;快门值数字越小表示受光线的影响越小,快门值数字越大表示受光线的影响越大。数码相机测得的数值呈现的是感光度的大小,ISO 的数值越大,表示受到光线的影响越小;相反 ISO 的数值越小,表示受到光线的影响越大。

(b)测试、比较哪间房间受光线的影响最大,哪间房间受光线的影响最小,为什么? 把你的答案记录在你的科技测量记录表里。

⑧科技测量记录表的设计见下表。

科技测量记录表(民居感光度测试)						
时间	地点	ISO 值	光圈值	快门值	受光线影响大小	发现·备注

学生使用的数字测光仪器和测量读数

2. 解密古元故居中的冷巷设计到底冷不冷

（1）认识冷巷。冷巷，又称青云巷、水巷、火巷，在古代建筑中具有交通（女眷或仆役出入）、通风、采光、排水等作用。一般设计是由两片高墙形成巷子的尺度，排列组合形成的一个比较窄的巷道。或者是在建筑的一侧留出的一条小廊道，旁边是生活的院子和房间。具体地说，冷巷有两种：一种是室内连接各房间的通道，此巷道长期不受太阳辐射，空气流通又顺畅，生活余热最少而成为"室内冷巷"。另一种是外墙与周围墙之间或相邻两屋之间狭窄的露天通道，有人称之为"青云巷"，此巷高宽比大，受太阳照射的面积小，受晒时间短且长波辐射少、空气温度较低而成为"露天冷巷"。夏季，巷子受阳光直射少，气压高。相反，院子气压低，于是冷空气通过墙洞流向院落，调节生活空间的热环境。

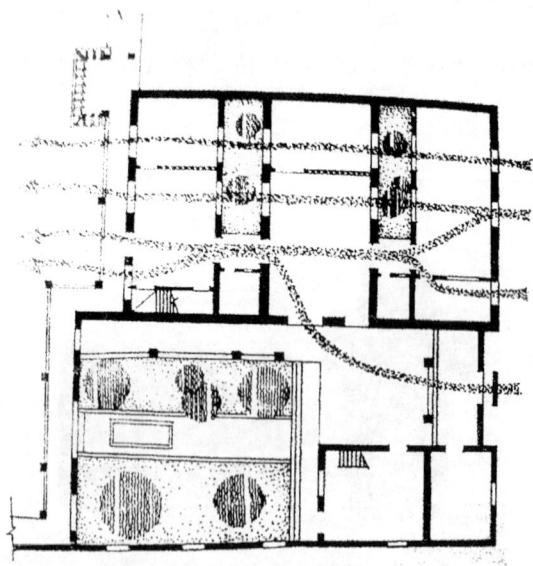

冷巷的通风制冷

在广东民居古村落中我们往往可以看到梳式布局,村前村后的水塘、农田和树木构成一个低温空间,村内建筑群构成高温空间,这样,村内村外由于冷热温度差的作用,自然形成了冷热空气的交换,就构成了自然通风。具体来说,梳式布局平面的巷道整齐排列并与夏季主导风向平行,有阵风时,巷道因狭窄而提高风速,有利于降温。静风状态下,又因巷道狭窄,受墙及周围建筑阴影遮盖,巷内高密度冷空气与巷外低密度热空气形成对流,改善了住宅的热环境。冬季来临刮寒风时,周围由果树、竹木形成的绿篱对其有遮挡作用。广东传统建筑着重热压通风的组织,因为这是经常发生的,而且适合人体热舒适的要求。对风压通风也有考虑,但并不完全依赖它。在早期岭南传统建筑中很少见到"穿堂风"就说明了这点。从密集式民居布局来看,内部巷道(火巷、侧巷)窄,空间小,又有高墙屋檐遮挡,接受太阳辐射量少,温度较低。而天井院落空间大,气候炎热时,阳光直射,温度很高。当热空气上升时,巷道和室内的较冷空气就补充进去,这样,就构成了热压通风。冷巷是截面面积较小的风道,其风速会增大,风压会降低,与冷巷接通的各房间较热的空气就会被带出冷巷,较冷空气就会进入补充,达到通风制冷的效果。

(2)学生活动。测量有冷巷设计的古元故居和无冷巷设计的隔壁普通民居的房屋气温差异。

准备的材料:笔、温度计(指针式、汞柱式、电子式)、科技测量记录表。

探究步骤:

①拿出事先准备好的温度计,利用温度计(指针式、汞柱式、电子式)测量以冷巷为公墙的房屋内的温度情况。注意测量时把房间先编好号,记录在你的科技测量记录表里。测量房

间温度的时间不低于 5~8 分钟。

②利用温度计(指针式、汞柱式、电子式)测量无冷巷设计的古元故居隔壁普通民房的室内温度情况(对隔壁邻居家的温度测量工作须得到邻居主人家的同意方可进行),并对邻居家房间进行编号,将测试数值记录到你的科技测量记录表里。

③观察与发现。做好两项活动的测量记录工作,整理好你的科技测量记录表,并自己对参考数据进行对比,得出结论并印证"冷巷"到底冷不冷。

④科技测量记录表的设计见下表。

科技测量记录表(民居温度对比测试)					
时间	地点(房间)	房间温度值	邻居的房间编号	邻居房间温度值	受冷巷的影响备注

例99　家庭节能从电冰箱省电做起

【活动指导】

学生通过调查访问和实验探究,找出家庭主要耗电的"电老虎",探讨家庭节电的有效方法和省电的窍门。将探究出的节约用电的有效办法在同学和家长中宣传,发动大家争当"节能减排"的小能手。

今年 9 月我们学校开展了"节能减排,校园行动"的活动。节约用水、节约用电、杜绝浪费的活动深入了每个班级,在校园里共同喊出"节能减排,我行动"的口号。作为学校科技兴趣组的成员,我们更应争当节约用水、节约用电的小标兵。因此,我们科技兴趣组的成员将"节能减排,校园行动"的活动延伸到了家庭,开始探究家庭节约用电、节约用水的问题。

活动一,调查访问:调查同学、家长对家庭用电情况的看法,了解家庭主要耗电的"电老虎"是什么。活动二,观察比较:收集同学家里的"用电缴费通知单",比较相同人口家庭用电的情况,为什么会有这么大的差异?寻找浪费电的原因。活动三,个案研究:找出条件基本相同的家庭,跟踪不同家庭用电情况,寻找电费存在较大差异的原因。活动四,实验探究:通过对比实验,探究电冰箱省电的窍门。

【活动案例】

1. 调查访问

科技兴趣组的同学设计了调查问卷,对学校的同学及家长进行了调查。调查同学家里一般有哪些类型的用电器;问家长是否有节约用电的意识和措施;向家长了解家里浪费电最多的用电器是什么;调查不同家庭平均每月的用电情况。

2. 观察比较

收集本班同学的家庭"用电缴费通知单",对收集到的全部"用电缴费通知单"进行分类和比较,并对这些同学家里用电器的情况进行调查,情况见下表。

类型	有电冰箱1台以上	有空调1台以上	有电脑、洗衣机	常住人口			用电量(两个月的电费)				
				1~2人	3人	4~5人	100元以下	100~200元	200~300元	400~500元	500元以上
户数											

3.个案研究

观察比较不同家庭的"用电缴费通知单"时,发现家里的人口相同,家里用电器也基本一样的家庭,有的电费却相差很大。为何每个月的电费相差那么大呢? 带着这个问题对两个家庭进行了跟踪调查。

(1)生1、生2家庭的用电器比较。将调查数据填写在下表中,根据统计,分析两个家庭用电器的情况。

	电冰箱	空调	电脑	洗衣机	消毒柜	微波炉	日光灯	饮水机
生1								
生2								

(2)生1、生2家庭的用电量及电费比较。将调查数据填写在下表中。

	月份	1~2月	3~4月	5~6月	7~8月	9~10月	平均每月
生1	用电量/度						
	电费/元						
生2	用电量/度						
	电费/元						

①根据统计,分析两个家庭的用电量和电费的情况。

②分析是什么原因导致这样大的差异呢? 其中哪个电器用电量较大?

对选择的用电器进行以下用电量测试比较。

(3)生1、生2家庭个别用电器用电量测试比较。将测试数据填写在下表中。

	测试电器	测定的用电量/度			平均每天用电量/度	平均每月用电量/度
		第1天	第2天	第3天		
生1						
生2						

①根据统计,分析是哪个用电器造成两个家庭用电量的差别?

②分析可能造成差别的原因,根据可能的原因进行下面的探究。

4. 实验探究

为了进一步探究电冰箱的耗电情况,学生在网上查找电冰箱的工作原理图,了解电冰箱的工作原理,并阅读电冰箱的使用说明书,在学校选定新、旧两台电冰箱继续实验。

(1)同一电冰箱不放物品与放定量物品耗电量比较。

①在一台电冰箱中,未放物品,未开冰箱门,测量其耗电量,并将实验数据填写在下表中。

实验数据记录表1   日期:_____

观察时间				
电表示数				

总耗电量:_____度   平均每天用电量:_____度 / 天

②在同一台电冰箱中,放入定量物品,未开冰箱门,测量其耗电量,并将实验数据填写在下表中。

实验数据记录表 2　　　　日期：＿＿＿＿＿＿＿

观察时间				
电表示数				
总耗电量：＿＿＿＿度			平均每天用电量：＿＿＿＿度／天	

（2）同一品牌、型号，新旧不同的电冰箱放入等量食物时耗电量对比实验。

①在旧电冰箱中放入一定量食物，测量其耗电量，并将实验数据填写在下表中。

实验数据记录表 3　　　　日期：＿＿＿＿＿＿＿

观察时间				
电表示数				
总耗电量：＿＿＿＿度			平均每天用电量：＿＿＿＿度／天	

②在新电冰箱中放入等量食物，测量其耗电量，并将实验数据填写在下表中。

实验数据记录表 4　　　　日期：＿＿＿＿＿＿＿

观察时间				
电表示数				
总耗电量：＿＿＿＿度			平均每天用电量：＿＿＿＿度／天	

（3）电冰箱省电窍门的探究。

①在一台电冰箱中，放入物品，不开冰箱门，测量其耗电量，并将实验数据填写在下表中。

· 272 ·

实验数据记录表5　　　　　日期:_____

观察时间					
电表示数					
总耗电量:_____度			平均每天用电量:_____度 / 天		

②在同一台电冰箱中,放入等量物品,常开冰箱门,测量其耗电量,并将实验数据填写在下表中。

实验数据记录表6　　　　　日期:_____

观察时间					
电表示数					
总耗电量:_____度			平均每天用电量:_____度 / 天		

③在同一台电冰箱中,放入等量物品,使用"门帘",常开冰箱门,测量其耗电量,并将实验数据填写在下表中。

实验数据记录表7　　　　　日期:_____

观察时间					
电表示数					
总耗电量:_____度			平均每天用电量:_____度 / 天		

④把冰块放入电冰箱的冷藏室,电冰箱断电,测定冷藏室的温度能保持多长的保鲜时间。并测定采用本方法电冰箱的耗电量。

(a)在电冰箱的冷冻室放入两个装有 500 毫升水的塑料袋,使其结冰,测量电冰箱内的耗电量,并将实验数据填写在下表中。

实验数据记录表 8　　　　　日期：_____

观察时间					
电表示数					
总耗电量：_____度					

（b）在空电冰箱的冷藏室内放入两个冰袋，使电冰箱断电，测量电冰箱内的温度，并将实验数据填写在下表中。

实验数据记录表 9　　　　　日期：_____

观察时间						
温度	冷冻室					
	冷藏室					

（c）在电冰箱内放入冰袋，测量电冰箱的耗电量，并将实验数据填写在下表中。

实验数据记录表 10　　　　　日期：_____

观察时间	电表示数	冷藏室温度
总耗电量：_____度		

（4）结果分析。

①家庭用电器耗电情况分析。

②通过调查结果分析，寻求家庭省电方法。

③通过对比实验的探究，总结使用电冰箱的省电窍门。

（5）结论与建议。通过活动给家庭节电提出建议，倡议大家一起来参加环保省电活动。

例100　探究围海造田工程的利弊

【活动指导】

本次活动使学生们实地了解围海造田工程，亲身考察、访谈、探究围海造田工程的利与弊。

围海造田是人类开发利用海洋的重要方式，也是人类拓展生存空间及生产空间的重要手段。选择围海造田工程作为研究对象，目的是希望学生们通过查找相关的文献资料，采用实地考察、访谈、调查等研究方法，对围海造田的利弊进行研究，培养他们研究身边事物的兴趣，养成良好的科学素养。

此项科学活动以珠海这个新兴的海滨城市为题材，引导学生对围海造田的利弊进行探究。活动分两部分进行：

第1部分介绍围海造田工程的相关知识和概述，了解什么是围海造田，知道世界各国围海造田的情况，激发学生探究的兴趣。

第2部分采用实地考察、查阅文献资料等科学研究的方法，探究围海造田的利与弊，撰写研究小论文。活动一，查找文献资料，了解围海造田工程的过程，学会利用网络资源寻找科学资料的方法。活动二，实地考察、访谈、探究围海造田工程给当地经济发展所带来的巨大效益,弄清人类围海造田的历史原因。活动三,通过对周围环境的调查,了解围海造田工程给环境造成的不利影响。活动四,撰写研究小论文,表达自己对围海造田的看法,并提出建议。最后,出示其他探究活动参考选题,引导学生继续深入研究,自主获取更多围海造田相关方面的知识。

【活动案例】

1.围海造田工程概述

(1)围海造田工程。围海造田是在海滩或浅海上筑围堤隔离外部海水,并排干或抽干围堤内的水使之成为陆地的工程,又称围涂,它为农业、工业、交通、外贸等的发展提供了场所。围海造田可在孤立浅海中形成人工岛,但多数是与大陆海岸相连,或在海岸线以外的滩涂上直接筑堤围涂,或先在港湾口门上筑堤堵港,然后再在港湾内部滩涂上筑堤围涂。围海造田工程基本设施包括围堤及其上的排水闸或排水站,以及围堤内的排水系统。当排水闸内水高、闸外水低时,开闸排水;当闸内水低、闸外水高时,关闸挡潮,必要时使用抽排。在陆地形成后,堤内排水系统要及时排除涝水,保持适宜的地下水位。当用于农业种植时,要洗淋土壤盐分和布置灌溉渠系适时灌溉,也可种植水稻或耐盐作物。

(2)世界各国各地区围海造田的情况。

①荷兰。荷兰是国外围海造田比较突出的国家之一。荷兰广大地区原为沼泽地,长期以来,荷兰人民充分发挥了本民族的聪明才智,他们用风车排水,在海边开拓出大量土地,并修筑巨大的海堤将开拓的土地与海水分隔开来,成为肥美的田园。因而荷兰具有世界著名的围海造田景观,在莱顿和登海尔德之间

具有鲜明的色彩。巨大的海堤蜿蜒在荷兰海岸线,堤外是辽阔的北海,碧波万顷,堤内沟渠纵横,湖泊众多,风车耸立,具有极大的旅游价值。

②中国。我国是填海大国,早在汉代就开始围海。我国有水深10米以内的浅海滩涂约1 005万公顷。从1949年至20世纪80年代末,我国的江苏、浙江、福建、广东等10省市先后围海造田约53.6万公顷,为我国沿海的经济发展起到了很大的作用。

珠海:50多年前,珠海斗门镇白蕉地区、金湾区平沙镇所在的地方还是一片人迹罕至的滩涂。从1963年9月开始,中国人民解放军广州军区某部奉命先后投入近万兵力,历经一年多时间的艰苦奋战,在白藤至大林的茫茫大海中,筑起一条长达8.5千米的"八·一大堤",围海造田1 300多公顷,建成了著名的白藤生产基地。1955年5月13日,以林智敏为首的18名从东莞、顺德等地抽调的干部坐船来到平沙,正式建立"广东省国营平沙机械农场"。农场成立后,从广东罗定、信宜和新兴等地征集7 000多名民工,开始了大规模的围海造田工程……

2.对围海造田的探究

活动一:你了解的围海造田知识。

(1)请把搜集到的资料填在下表中。

地点	历时	用途	备注(资源来源)

（2）请把搜集到的图片贴在下面的框中。

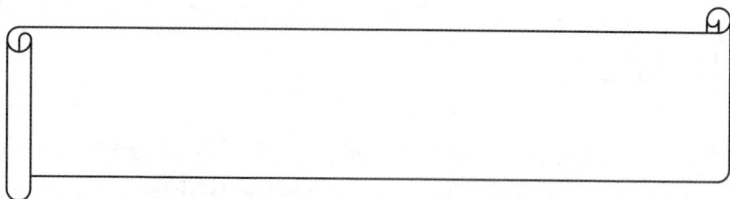

（3）开展围海造田的条件。开展围海造田需要哪些条件？请填写在下面的表格中。

条件一	
条件二	
条件三	
条件四	

围海造田所用的抽沙机　　　　喷泥　　　　　　喷泥（干）

（4）说说你的收获：＿＿＿＿＿＿＿＿＿＿＿＿＿＿＿

＿＿＿＿＿＿＿＿＿＿＿＿＿＿＿＿＿＿＿＿＿＿＿＿＿

＿＿＿＿＿＿＿＿＿＿＿＿＿＿＿＿＿＿＿＿＿＿＿＿＿

活动二：实地考察、访谈等，探究围海造田工程给当地经济发展带来的效益。

（1）活动前准备。

确定活动地点：确定你准备到什么地方去考察、了解。

拟定探究内容:请把你想了解的内容以提纲的形式填写在下表中。

1. _____

2. _____

3. _____

4. _____

5. _____

探究方法:_____

(2)探究过程。

①到当地国土资源局访谈围海造田的经济成本数据,填写下表。

围海成本	填海成本	当地的土地价格	对比土地价格收益

②到围海造田地方访谈、考察围海造田后的经济收益,填写下表。

用 途	估计经济效益
作为土地出让	
作为种植经济作物需要	
作为工业化产业需要	

资料袋:

> 按现在的成本计算,珠海围海 667 平方米(1 亩)成本一般为 20 万元,填海 667 平方米成本为 30 万元,而当地土地价格每 667 平方米为 80 万~100 万元,对比收益 60 万~70 万元。
>
> 中国水产科学研究院南海水产研究所研究员何国民说:"填海造价可能过高,但随着填海工程的完善,珠海的一些机场、港口设施建设通过填海工程来实现收益,这也是可取的。值得关注的是,填海工程不能仅仅为了房地产发展需要而填,更多的是要为中大型企业发展考虑。"

(3)说说你对围海造田经济效益的认识,填写在下面的框中。

活动三:围海造田对当地生态环境影响的调查。

我们的猜想:围海造田破坏了生态环境。

我们要研究的问题:围海造田对当地生态环境造成了什么影响?

研究方法:实地考察水质,观察附近海洋生物以及周围的环境变化。

研究过程:

(1)到围海造田农场考察、访谈,调查围海造田后对当地渔民带来了什么影响。

(2)到正在围海造田的珠海三灶镇、高栏港区考察,抽取部分水样回学校科学实验室进行化验。

(3)到围海造田新兴工业区附近的海边考察,并通过访谈当地居民,了解海洋生物发生了什么变化。

我们的研究结论:＿＿＿＿＿＿＿＿＿＿＿＿＿＿＿

＿＿＿＿＿＿＿＿＿＿＿＿＿＿＿＿＿＿＿＿＿＿＿＿

活动四:撰写研究小论文。

写一篇研究小论文,内容可包括研究目的、研究内容、研究方法、研究过程与记录、我的收获等。

＿＿＿＿＿＿＿＿＿＿＿＿＿＿＿＿＿＿＿＿＿＿＿＿

＿＿＿＿＿＿＿＿＿＿＿＿＿＿＿＿＿＿＿＿＿＿＿＿

＿＿＿＿＿＿＿＿＿＿＿＿＿＿＿＿＿＿＿＿＿＿＿＿

＿＿＿＿＿＿＿＿＿＿＿＿＿＿＿＿＿＿＿＿＿＿＿＿

其他探究活动参考选题

(1)围海造田农场生产过程探究。

(2)荷兰国"退耕还海"的原因探究。